Hans und die Sonnentochter
Überarbeitete Auflage, erschienen 2-2020

Umschlaggestaltung: Romeon Verlag
Text: Eugen Reimer
Layout: Romeon Verlag
Illustrationen: Alexandra Schmidt

ISBN: 978-3-96229-152-5

www.romeon-verlag.de
Copyright © Romeon Verlag, Kaarst

Das Werk ist einschließlich aller seiner Teile urheberrechtlich geschützt. Jede Verwertung und Vervielfältigung des Werkes ist ohne Zustimmung des Verlages unzulässig und strafbar. Alle Rechte, auch die des auszugsweisen Nachdrucks und der Übersetzung, sind vorbehalten. Ohne ausdrückliche schriftliche Genehmigung des Verlages darf das Werk, auch nicht Teile daraus, weder reproduziert, übertragen noch kopiert werden. Zuwiderhandlung verpflichtet zu Schadenersatz.

Alle im Buch enthaltenen Angaben, Ergebnisse usw. wurden vom Autor nach bestem Gewissen erstellt. Sie erfolgen ohne jegliche Verpflichtung oder Garantie des Verlages. Er übernimmt deshalb keinerlei Verantwortung und Haftung für etwa vorhandene Unrichtigkeiten.

Bibliografische Information der Deutschen Nationalbibliothek:
Die Deutsche Nationalbibliothek verzeichnet diese Publikation in der Deutschen Nationalbibliografie; detaillierte bibliografische Daten sind im Internet über *http://dnb.dnb.de* abrufbar.

Märchen in Versen

Hans und die Sonnentochter

In Versen geschmiedet von
Eugen Reimer

mit Bildern von
Alexandra Schmidt

Einleitung

Liebe Leserinnen und Leser,
Um Missverständnisse auszuschließen,
Solltet Ihr angehend wissen,
Dass Brüder, Hauptpersonen dieser Märe,
Waren, aufgrund ihrer erblichen Misere
Und der Laune dieser Erdichtung Dank,
Des gotterbärmlichen Truges krank.
Sie wussten nicht anders als mit Lügen,
Sich selbst beschummelnd betrügen.
Die Jungs fressen einen Besen,
Wenn Ihr keinen Heidenspaß findet am Lesen.

Inhalt

Einleitung	5
Das erste Kapitel	**7**
Antrakt	37
Das zweite Kapitel	**38**
Der Unterhaltungsvers	76
Das dritte Kapitel	**77**

Das erste Kapitel

Das Sagen einer unglaublichen Geschichte beginnt.

In unzugänglichen Urwäldern,
Hinter stürmischen Meeresfeldern,
Führte sein Leben in Fleiß und Schweiß,
Vor einer langen Zeit ein Greis.
Im Alter spendeten ihm Trost drei Knaben:
Der Ältere, mit bauernschlauen Gaben,
Der Mittlere, ein tollpatschiger Barbar
Und der Jüngste, wie er leibt und lebt, ein Narr.

Die Brüder hatten ein kleines Feld,
Mit Getreide, zum Abgeben bestellt
Und fuhren das Korn, in Wort und Tat,
In die nahegelegene Hauptstadt.
Guter Dinge verkauften sie es an Mann und Maus,
Schlagend hin und wieder manchen Silberling heraus.
Zum Schluss berechneten die Bauersleute,
Die bezahlt bekommene Ausbeute
Und kehrten, nach einer wohlverdienten Pustepause,
Mit gefüllten Geldbeuteln zurück nach Hause.

Eines Tages brachte sie in Trubel,
Ein nicht gern gesehen, rätselhaftes Übel.
Jemand befleißigte sich, bei Nachteinbrüchen,
Ihr ährenreiches Land besuchen
Und in aller Stille, unverfroren,
Es erbarmungslos zerstören.
Der grobe Unfug hat ganz offen,

Diese Männer schwer betroffen.
Auf gut Glück strebten sie ihr Bestes zu geben,
Um dem Unhold das Handwerk still zu legen.
Nach anhaltenden Gedankenwallen,
Ist es ihnen eingefallen,
Bei Nacht das Weizenfeld bewachen
Und dem Spuk ein Ende machen.

Als es zu schimmern begann,
Bahnte der Älteste das Vorbereiten an.
Er besorgte sich ein Seil,
Steckte hinter seinen Gürtel ein altes Beil
Und marschierte, gerüstet für das ungewisse Spähen,
Feldein die erste Wache stehen.

Die Nacht hat stockfinster begonnen.
Jäh ist dem Kerl der Mut verronnen
Und er verscharrte sich, des Dunkels scheu,
Auf einem Schober im frischen Heu.
Die Nacht verging, es kam der Tag.
Der Mann stieg von dem Heuhaufen herab,
Machte sich am Regenfass,
Bis auf die Haut so klitsche nass,
Dass es begann, von seinen Kleidern zu tropfen
Und legte los, an der Haustür zu klopfen:
„Wacht auf, ihr müßigen Schlafmützen!
Es reicht, die Federn zu knutschen!
Lasst mich in die Stube rein,
Für ein gemütliches Beisammensein!
Vom Scheitel bis zur Sohle pudelnass,

Macht's mir draußen keinen Spaß!"
Die Brüder öffneten die Tür
Und sind in neugieriger Aufruhr
Den Wächter mit Fragen angegangen,
Ob es ihm gelungen war, den Dieb zu fangen.

Das Mannsbild hustete sich die Kehle frei
Und schwindelte mit einer Wichtigtuerei:
„Ich habe die ganze trübe Nacht,
Kreuzehrlich, pausenlos gewacht!
Da kam, einflößend Angst und Bange,
Ein fürchterlicher Wolkenbruch zugange.
Es goss, wie mit Kübeln, ohne Unterlass.
Seht, ich bin durch alle Böden regennass!
Zudem hat mich die Langweile geplagt.
Im Übrigen verlief der Gang der Wache glatt."
Der Vater hat den Sohn gelobt:
„Schlitz, du hast die harte Wacht erprobt.
In dieser Hinsicht sage ich gern –
In dir steckt ein bauernschlauer Kern.
Da du, zuwider der Gefahrenlast,
Sozusagen, deinen Mann gestanden hast."

Abermals rückte die Abenddämmerung heran
Und gewiss, war jetzt der mittlere Bruder dran.
Mit einer Heugabel versehen,
Marschierte er, seine Wache zu stehen.

Die Nacht trat ein und alsbald,
Wurde es recht herbstlich kalt.
Kläglich klappernd mit den Zähnen,
Begann der Knabe sich nach Wärme sehnen!
Auf Dauer hielt er es nicht aus
Und sputete zum Nachbarhaus.
Hier hat er, so gut wie, die ganze Nacht,
Bei der warmherzigen Nachbarin verbracht.
Schon in aller Herrgottsfrühe,
Gab er sich, die Hände ringend, Mühe,
Daheim Schutz und Schirm zu suchen
Und begann, an eigener Haustür lauthals rufen:
„Schlafmützen! Ihr habt genug geschlafen!
Hetzt euch ab, den Hauseingang aufmachen!
Wie ein junger Hund erfroren,
Spüre ich kaum noch meine Ohren!"
Die Brüder haben sich wachgewiegelt,
Schlag auf Schlag die Tür entriegelt
Und stimmten an, den Wächter zu befragen,
Ob es ihm gelungen war, den Dieb zu jagen.

Am häuslichen Herd, nun drauf und dran,
Trat der Bursche, dem Stubenofen nah heran,
Hat einen Blickkontakt gewagt
Und zwischen den Zähnen murmelnd gesagt:
„Ich hab' bis aufs Messer die ganze Nacht,
Für nichts und noch mal nichts, gewacht.
Zu diesem Ärger, als Zukost,
Gab's 'nen irre starken Frost.
Er griff mich, bis ans Knochenmark hindurch.

Erfroren hüpfte ich da, wie ein Lurch,
Mich mit Hopsern erwärmend,
Nur von Budenwärme schwärmend.
Den Scherereien bin ich noch so satt!
Ansonsten verlief die Wache total glatt."
Der Vater spendete dem Sohn ein Lob:
„Schnitz, die Wacht hieltest du tipptopp."

Auch der dritte Abend begann beizeiten.
Soeben sollte der jüngste Sohn sich vorbereiten,
Doch der machte sich nicht die kleinsten Sorgen.
Auf der warmen Ofenbank geborgen,
Hat der Junge, aus vollen Lungen,
Ein lebensfrohes Lied gesungen.
Der beispiellose Dienstverzicht,
Gefiel seinen Geschwistern beileibe nicht.
Sie ließen ein Donnerwetter los über den Narren.
Dabei konnten sie sich den Eifer sparen.
Ohne jeden absehbaren Zweck,
Rührte sich der Bengel nicht vom Fleck.
Hier sprach, mit gutem Recht, der Vater:
„Jetzt kommt zum Schlusspunkt das Theater!
Hans, beweg dich, mir zur Ruhe.
Dafür beschaffe ich dir Holzschuhe
Und als besonderes Dankeschön,
Ein überzuckertes Bonbon."
Angefeuert, sprang Hans munter,
Von seinem Ruhenest herunter,
Steckte einen Brotranft an den Busen
Und schritt den Unbekannten hussen.

Die Nacht brach an, der Mond ging auf.
Der Narr besichtigte die Flur im kurzen Lauf,
Sah sich sorglos um und … husch,
Schlüpfte unter einen dichten Busch.
Sogleich machte er sich an sein Stück Brot
Und versuchte, vor Anstrengung puterrot,
Den Sternen schimmernde Juwelen,
In der Himmelsferne zusammenzuzählen.
Urplötzlich wurde die Nachtruhe gestört
Und Hans hat verwundert, ein leises Wiehern gehört!
Er blickte unter seine Hand,
Und sieh da! An einem wuchernden Feldrand,
Schlemmte den Weizen eine Steppenstute!
Dem Späher wurde es heilfroh zumute.
Das Pferd war blütenweiß und jede Strähne,
Ihrer, in Ringelchen gelockten Mähne,
Rieselte im Mondschein, wie ein Fließ,
Der sich der Strömung treiben ließ.
„Unser Fremdling? So siehst du aus?
Dummerweise ist es dein letztmaliger Kehraus.
Mit Einbrechern und Dieben,
Werden keine Techtelmechtelchen getrieben!
Wenn ich mich zudem nicht irre,
So krieg´ ich dich noch heute kirre!"
Der Narr machte sich bereit,
Nahm sich passend eine Zeit,
Lief zur Stute flink heran,
Packte ihren Schwanz fest an
Und schnellte auf die Pferdekruppe, allerdings,
Hockte er vom Rücken her – rücklings.

Überrascht vom Angriff, hob die Stute,
Ihren Schweif, als eine Wünschelrute,

Warf den Kopf unwillig in den Nacken
Und machte sich wutschäumend auf die Hacken.
Sie galoppierte, wild ausschlagend, über Felder.
Bockte, erzürnt, durch dichte Wälder.
Sprang, listenreich und ohne Bang,
Über tiefe Gräben längelang
Und versuchte, in fuchsteufelswilder Hast,
Sich zu befreien von der Last.
Aber, auf ihren Hinterbacken taumelnde Hans,
Klammerte sich fest am Pferdeschwanz.

Zu guter Letzt ermüdete die Stute
Und sprach ihrem Zureiter zugute:
„Hans, da du furchtlos, dich selbst nicht schonest
Und es fertigbringen konntest,
Auf meiner Kruppe fest zu sitzen,
So sollst du mich verdient besitzen.
Unterbringe mich sofort,
An einem mäuschenstillen Ort,
Jedoch lass mich jeden Morgen,
Ungebunden und ohne Sorgen,
Im grünen Feld und Wald spazieren,
In der Freiheit amüsieren.
Sobald ich vom Storch ins Bein gebissen werde,
Bringe ich zur Welt zwei Vollblutpferde,
Solche, wie es bis zu diesem Tag,
Zu keiner Zeit im Erdreich gab.

Fernerhin, entbinde ich mich mit einem Ross,
Über den Daumen gepeilt, etwa eine Elle groß.
Es komm mit hellseherischen Ohren
Und flotten Rennbeinen geboren.
Die Rappen kannst du, meinetwegen,
Einem Reichen höchst gewinnbringend abgeben.
Das kleine Pferdchen wiederum,
Behandele schonungsvoll ringsum.
Zu kurz geraten und dennoch astrein,
Wird es dir ein treuer Freund und Helfer sein.
Auch wenn dir mal ein Unheil droht,
Errettet es dich aus jener Not.
Ich aber, werde nachher versuchen,
Mir neue Kräfte aufzusuchen.
„Passend!", überlegte Hans zufrieden,
Hat die Stute angetrieben,
In einen fast schrottreifen Stall
Und für einen schlimmen Fall,
Den Eingangsweg in das Versteck,
Mit allerlei Krimskrams verdeckt.
Erst beim frühen Morgenrot,
Verließ er den geheimen Ort,
Trällernd aus voller Brust:
„Das Wandern ist des Müllers Lust,
Des Müllers Lust …!"
Glückstrahlend ist er daheim gekommen,
Hat sich den Türklopfer vorgenommen,
Pochte an das Brett mit solchem Krach,
Beinahe stürzte vom Haus das Dach,
Und schrie in seine, zum Rohr gekrümmte Hand:

„Feurio! Ich hab 'nen fürchterlichen Brand!"
Erschrocken sprangen seine Brüder aus den Betten
Und stotterten: „Wir sollten unsere Seele retten.
Was tobt da, wie eine irre Affenschar?"
„Das bin ich, der Hans, der Narr!"
Vor Ärger platzte den Brüdern bald der Kragen.
Die Tür wurde brummig aufgeschlagen
Und sie setzten sich ein, den Wächter zu beschämen:
„Trottel! Könntest du dich mal benehmen?
Wie wagst du es, uns zu erschrecken
Und mit solchem Mordslärm aufzuwecken!"

Der Narr machte sich nichts, des ihres wegen.
Ohne seine Oberkleidung abzulegen,
Ist er auf den trauten Ofen,
In aller Ruhe hinaufgekrochen
Und erzählte, verschweigend vom Pferd im alten Scheuer,
Ein überaus waghalsiges Abenteuer:
„Ich hab' rund um die Uhr gewacht.
Akkurat um Mitternacht,
Erscholl am Feldrain ein Miauen.
Ich lief mir die Mieze anzuschauen,
Doch statt einer niedlichen Hauskatze,
Sah ich den Gehörnten mit 'ner Schweinefratze.
Er war bemüht, unseren Weizen herauszureißen
Und unwirsch Ähren von den Strohhalmen abzubeißen.
Ohne mit der Wimper einmal zu zucken,
Sprang ich schnurstracks dem Bösen auf den Rücken!
Er heulte schrill, wie 'ne Hyäne,
Fletschte seine schrecklichen Stoßzähne

Und probte, auf Biegen oder Brechen,
Meine Tapferkeit zu schwächen.
Trotz seiner widerlichen Fresse,
Hielt ich ihn fest, wie in der Presse!
Da lag ich echt, dem Beelzebub im Magen.
Er begann so rumzujagen,
Ich dacht', dass wir zur Hölle fliegen!
Um ihn schnellstmöglich kleinzukriegen,
Kam ich an seine Gurgel dran
Und er flehte mich sofortig an –
Lass mich am Leben, Hänschen-Narr!
Dafür verspreche ich, ein ganzes Jahr,
Deine Herzlichkeit zu schätzen
Und die Menschheit nicht aufzuhetzen! –
Ich hab', ehrlich wahr, der Bestie geglaubt,
Losgelassen und ihr das Abhauen erlaubt!"
Hier schrappte der Erzähler sich das Nasenbein,
Gähnte breit und schlief ein.
Seine Brüder haben sich damit begnügt
Und lachten, aus Leibeskräften quietschvergnügt.
Selbst der Vater hat einen Lachanfall bekommen
Und hielt sich, kichernd, das Abdomen.
Aber, nach diesem nächtlichen Geschehen,
Hat man den Spuk in ihrem Land nie mehr gesehen.

Einst schlenderte Schnitz von einer Feier.
Er war müde und weiß der Geier,
Wie er die Grenze seines Gutes überschritt
Und in einen alten Stall geriet.
Sprachlos erblickte er zwei große,

Mit goldenen Mähnen Vollblutrosse
Und ein Pferdchen, von einem Wuchs,
Kaum größer als ein flügger Fuchs.
Es war mit des Feldhasen langen Ohren
Und winzigen Kamelschenkeln beschoren.
Hals über Kopf machte sich Schnitz,
Auf die Suche nach dem Bruder Schlitz,
Fand den Schlaumeier zu Haus
Und spuckte die scharfe Neuigkeit heraus:
„Weißte, was für geile Pferde,
Mit goldenen Mähnen bis zur Erde,
Unser Narr sich aufgetrieben hat?
Es is' in Reinkultur 'n Unikat!"
Hier nahmen die Brüder, ihre Beine in die Hand
Und sind zu dem alten Stall gerannt,
Springend über Heck und Palisade
Und durch Brennnesseln schnurgerade.

Stolpernd über eigene Beine,
(Einen blauen Fleck erhielt der eine)
Kratzend hier und reibend dort,
Betraten sie den stillen Ort.
Gestört, wieherten die schönen Tiere.
Ihre Augen glänzten wie Saphire,
In Ringelchen gelockter Schwanz,
Rieselte im goldenen Glanz
Und die Hufe, aus lupenreinem Diamant,
Prunkten mit Edelsteinen fein umrahmt!
Es war ein wahrer Augenschmaus,
Würdig dem reichsten Königshaus!

Das brachte den Geist der Brüder zum Kopfstehen
Und sie konnten sich nicht satt dran sehen.
Verdutzt, fragte Schnitz, bis jetzt benommen:
„Wo hat er, solchen Pomp nur herbekommen?"
„Tja! Ich kriege langsam, einen komischen Eindruck -
Der Dumme, bekommt um Gotteslohn, das meiste Gluck.
Du aber, könntest dir die Stirn zerschlagen,
Wirst davon keinen Nutzen haben. -
Hör mal, Schnitz, wir machen's glatt.
Die Gäule schmuggeln wir in die Hauptstadt,
Verschachern unsere reiche Beute,
An zahlungskräftige Geschäftsleute
Und teilen uns das Honorar.
Indessen wird der ahnungslose Narr,
Erst am Sankt-Nimmerleinstag erraten,
Wohin seine Pferdchen hingeraten.
Lass ihn sie suchen, hier und dort.
Na, Kumpan, jetzt fehlt dein Wort!"
Die Gauner kamen überein
Und gingen plaudernd Daheim,
Begleitend ihre Rede mit Gebärde,
Über die bewundernswerten Pferde
Und mit augenfälliger Habgier,
Über das urkomisch Hasetier.

Tag für Tag und immer auf,
lief die Zeit im steten Lauf.
Am Wochenende, wie geplant,
Haben die beiden ihre Mähre eingespannt
Und machten sich insgeheim bereit,

Mit dem Vorhaben, zu zweit,
Zum Handel in die Hauptstadt fahren
Und nebst dem im Hafenamt erfahren,
Ob der Sarazene Kara Khan,
Nicht fasste einen bösen Plan,
Sich der Welt des Christentums annehmen
Und ihre Lebenskräfte zähmen.
Um sich einen Zoff ersparen,
Holten sie, unbemerkt vom Narren,
Die Rappen aus dem verborgenen Gehege
Und verdrückten sich, benutzend stille Wege.

Der Tag neigte sich dem Abend.
Keinen Verdacht am Herzen habend
Und wie je, summend ein Gesang,
Stiefelte Hans einem unscheinbaren Fußpfad entlang
Und ist auf Zehenspitzen, unbemerkt,
In sein morsches Ställchen eingekehrt.
Der Schuppen stand wie dann und ehe.
Doch sein Inhalt! – Ach und wehe! –
Hans musste fassungslos erfahren,
Dass seine Rosse über Nacht verschwunden waren!
Allein das Hasepferdchen, zum Begrüßen,
Hoppelte an seinen Füßen
Und spielte vor Freude mit den Ohren.
Aber, kreuzunglücklich und verloren,
Hat Hans sich dem Trauern hingegeben
Und klagte seines Schadens wegen:
„Ach, meine herausgeputzten Rappen!
Wer erkühnte sich, euch dreist zu schnappen?

Ich habe euch so liebevoll gepflegt!
Hat hier der Teufel seine Pfote angelegt?
Fürwahr, machte er den leichten Kauf."
Da wieherte das Pferdchen auf
Und hat ermunternd gesagt:
„Hüüh - hieh! Teurer Hans, sei nicht verzagt.
Dein Verlust ist tatsächlich nicht klein,
Dennoch kann ich dir behilflich sein.
Lass das jämmerliche Getue,
Samt den Höllenfürst, in Ruhe.
Deine Brüder haben sich hier eingeschlichen
Und an dem Pferdepaar vergriffen!
Damit uns die Spitzbuben nicht entkämen,
Wäre es klug, eine Verfolgung aufzunehmen.
Setz dich, flugs, auf mich hinauf
Und halt dich fest bei meinem Lauf!
Meine Größe ist bestimmt nicht nennenswert,
Aber ich ersetze jedbeliebiges Rennpferd.
Du kannst ein Siebenmeilenstiefel-Läufer sein,
Ich hole dich im Kehrum ein!"

Langer Rede kurzer Sinn,
Der Narr platzierte sich aufs Pferdchen hin,
Raffte kreischend, als ging die Welt zu Ende,
Die langen Ohren in die Hände
Und überarbeitete mit Fersendresche obendrauf.
Das Hasepferdchen schnaufte auf,
Schüttelte sein Mähnchen und rannte los,
Wie ein Pfeil, der durch den Luftraum schoss!
Es war nur zu sehen, wie der Staub,

Empor der Hufen flog aufs Gras und Laub,
Und fast, wenn nicht genau im Handumdrehen,
Blieb es, wie angewurzelt, vor den Dieben stehen!

Die Halunken haben sich erschrocken
Und brachten ihre Fahrt zum Stocken.
Nun fing Hans an, sie auszuschämen:
„Ei, ei! Es ist nicht gut, Fremdeigentum zu nehmen!
Als der Hans, seid ihr ja klüger,
Ich hingegen, bin kein ehrloser Betrüger.
Und habe euch mein Lebtag nicht beklaut."
Da gab der ältere Bruder Laut:
„Hans, wir erlitten eine schöne Pleite,
Hier ist das Recht auf deiner Seite.
Immerhin, nimm doch die Umstände in Betracht.
Erstens, haben wir's selbstlos gemacht.
Zweitens, sind wir Jahr für Jahr am Weizen säen,
Haben dennoch, manchmal kaum das Brot zu sehen!
Um ein Hungersjahr vermeiden
Und der Zwangslage nicht leiden,
Hatten wir, jüngste Nacht,
Den Kopf zerbrechend, nachgedacht
Und Tränen reuevoll vergossen.
Jedoch, der Not gehorchend, fest beschlossen,
Da wir dringend Kleingeld brauchen,
Deine Klepper für ein paar Groschen zu verkaufen.
Auch dich wollten wir, zum Angedenken,
Mit einem Mitbringsel beschenken.
Jeder führt sein Leben, wie er kann.
Du bist doch selbst ein kluger Mann.

Zudem ist, nach dem ärztlichen Befund,
Unser Vater nicht gesund."
„Na! Trottet, wenn es so ist, weiter
Und verkauft sie einem feinen Reiter.
Ihr müsst nur, mir dafür erlauben,"
Sagte Hans mit Treu und Glauben,
„Mit euch, in die Hauptstadt, mitzufahren."
Scheltend insgeheim den Narren,
Sahen seine Brüder sich schieläugig an,
Aber sagten, in Ermangelung des Besseren: „Wohlan!"

Während sie sich dem Konflikt benahmen,
Ist die Sonne, bettreif, schlummern gegangen.
Es wurde dunkel und die Nacht,
Bekam in ihre Hand die Macht.
Um sich im Finstern nicht verirren,
Wurde beschlossen zu kampieren.
An einem goldrichtigen Baumstamm,
Banden sie die Pferde an,
Danach wurde aus der Fuhre mit Getreidefracht,
Ein Korb mit Essbarem gebracht.
Ermüdet von der verwirrten Reise,
Taten sie sich gütlich an der Speise.

In der eingetretenen Ruhezeit,
Erblickte Schlitz, nicht nah nicht weit,
An der stockfinsteren Horizonten Schwelle,
Eine, dann und wann auflodernde Helle.
Er kratzte nachdenklich sein Kinn,
Wies dem Schnitz aufs Licht verstohlen hin

Und sagte: „Rasten ohne Lagerfeuer,
Ist mordsmäßig ungeheuer!
Aber solch ein überraschender Glücksfall.
Ich sehe fern einen Lichtstrahl.
Er ist über alle Maßen klein,
Doch es muss, waschecht, ein Flammen sein.
Das Geschehnis hat 'nen guten Sinn.
Hans, lauf auf dem schnellsten Weg dorthin,
Hol ein wenig heiße Glut
Und wir machen es uns wohlgemut."
Dabei hat er heimtückisch geträumt –
Wärst du nur mir aus dem Weg geräumt! –
Dazu hat Schnitz verschreckt gemeint:
„Kann sein, dass es ein Signallicht scheint!
Wenn dort Strauchdiebe im Lager stehen,
Is' es um den Hans geschehen!"

Den Narren bekümmerten keine Schauermärchen.
Er schwang sich auf sein Hasepferdchen,
Gab ihm brüllend gut die Sporen
Und zerrte, antreibend, an den Ohren.
Das Röslein bäumte sich im Affentanz
Und stürmte fort mit dem Hans.

Bald wurde die Umgebung heller.
Jetzt lief das Hasepferdchen schneller
Und es kam noch nicht in Schwung,
Da waren sie nur einen Katzensprung,
Von der flirrenden Lichtquelle weit.
Hier herrschte, hie und da, die Tageszeit!

Verschärft durch eine schleierhafte Farbenschicht,
Flackerte in einem Grasbüschel ein grelles Licht.
Wie vor den Kopf geschlagen, sprach der Hans:
„Solch ein fremder Lichterglanz.
An die fünf Mützen Licht sind im Gebrauch,
Nur ohne Wärme und den kleinsten Rauch.
Diese Lohe, ist keinen roten Heller wert!"
Da hat das Hasepferdchen ihm erklärt:
„Es strahlt, geblümt durchs goldige Geäder,
Eines steinalten Feuervogels Feder.

Klugerweise solltest du sie nicht anfassen
Und an dieser Stelle liegen lassen.
Das Dingsda, würde dich ins Unglück bringen
Und zu gefährlichen Undingen zwingen."
Aber, mit dem Wort: „Das sollte es nur proben!"
Hat Hans die Feder aufgehoben,
Und wurde auf der Stelle fixgefangen.
Ihn ergriff ein nicht nachgiebiges Verlangen,
Die hinterrücksche Daune als sein Eigen sehen.
Dem konnte er nicht widerstehen.
Wie bestrickt von einem Hexenspruch,
Wickelte er sie in ein Stück Tuch,
Versteckte in seiner abgewetzten Kappe
Und ist nach dieser seiner Macke,
Zum Lagerplatz zurückgekehrt.

„Das Dings ist nicht der Rede wert!"
Teilte Hans nach dem Ausritt,
Seinen abwartenden Geschwistern mit,
„Als ich zur Feuerstelle kam,
Sah ich einen abgebrannten Stamm.
Ich hab mich ungemein bemüht
Und blies auf die kaum noch glimmernde Glut.
Hab' sie eine Stunde lang entfacht,
Es hat mir nur böses Blut gemacht.
Ich war genötigt, Rauch verschlucken
Und in einem fort versaute Asche spucken.
Mit einem niesenden Gebraus,
Löschte ich das Feuer völlig aus!"
Die großen Brüder konnten nicht einschlafen

Und mussten die Nacht hindurch in Tränen lachen.
Hans, indes, pennte ohne Sorgen,
Unter der Fuhre bis zum frühen Morgen.
Bei Tagesanbruch schirrten sie die Mähre ein,
Fuhren in die Stadt hinein
Und stolzierten, begleitet vom schaulustigen Geschreie,
Über den Markt einher, zur Pferdereihe.

In dieser Hauptstadt herrschte ein Herkommen.
Es hieß: Händler seien hier willkommen,
Aber den Handel treiben, dürfen sie erst dann,
Wenn der, über den grünen Klee gelobte Stadthauptmann,
Dazu Ja und Amen sagte
Und kein Menschenkind dagegen klagte.

Als der Morgengottesdienst beendet war,
Erschien der Stadthauptmann mit einer Reiterschar.
Bestückt mit glänzenden Stichwaffen,
Eskortierten ihn zwei Dutzend Wachen.
Im Anschluss ritt ein hochgewachsener Herold.
Ausgeschmückt mit Klöppelspitzen und Feingold,
Quiekte er, als wenn ein wandernder Mime,
Mit einer witzigen Hahnenstimme:
„Der Kundschaft wünsche ich 'nen guten Kauf!
Händler, sperrt eure mit Gütern gesegneten Geschäfte auf.
Und ihr, Aufseher, statt unendlich leeres Zeug zu reden,
Solltet aufpassen bei den Läden,
Dass dort kein Gewühl passiert,
Welches den Markt in Grund und Boden ruiniert."

Kaum wurde die Kauferlaubnis kundgegeben,
Erwach das bunte Handelsleben,
Käufer gingen an die Ladentische,
Kauften Pelze, Korn und Fische …
Und feilschten wegen Pferd und Rad,
Um den geringfügigsten Rabatt.
Indessen näherte sich der Stadthauptmann,
Der entfernt gelegenen Pferdereihe an.
Dabei versperrte ein Gedränge,
Alle dahin führenden Eingänge.
In dem markerschütternden Saus,
Gab es weder rein, noch einmal raus.
Gespannt befahl der Boss den Wachen,
Den Weg auf Anhieb freizumachen.
„He da, ihr! Schert euch weg!
Die Straße frei! Aus dem Weg!"
Drangen Wachen groß und klein
Und schlugen mit ihren Peitschen ein.
Die Bürger rührten sich zwar kaum,
Nahmen dennoch Mützen ab und schufen Raum.

Der Stadthauptmann ritt zum Pferdemarkt voraus.
Oho! – Zwei Rosse zeichnen sich den anderen aus!
Ihre langen Mähnen wellten sich,
In einem traumhaft gelben Stich!
In Ringelchen gelockter Schwanz,
Rieselte im goldenen Glanz …
Der große Mann wurde verblüfft
Und japste keuchend nach der Luft,
Dennoch erinnerte er sich seiner Pflicht

Und sprach mit tiefer Zuversicht:
„Die Gotteswelt ist wundervoll,
Doch diese Traber sind mordsmäßig toll!"
Daraufhin ordnete er an, auf keinen Fall es wagen,
Die Rappen einem Kauflustigen losschlagen
Und warten auf den Hochbeschluss.
Denn, nach dem staatlichen Usus,
Muss er stehenden Fußes sich beeilen,
Dem König über diese Kostbarkeit mitteilen.
Ein Teil der Truppe zurücklassend,
Brach er auf, fest sein Ziel ins Auge fassend.

Angelangt im Königsschloss,
Hinkniete er sich, nahezu bewegungslos
Und sprach mit Munde voller Honig:
„Sei gnädig, unser Vater-König.
Befehle nicht, mich hinzurichten.
Befehle, reden und berichten."
„Sei ungezwungen, alter Knabe!"
Gestattete der König die Kundgabe.
„Ich erzähle alles, wie ich kann.
Hierzulande, diene ich als Stadthauptmann
Und diese meine Funktion,
Vollziehe ich ehrlich für den Thron."
„Ich weiß, ich weiß es! Komm nur zur Sache!"
„Kürzlich, in Unterstützung der Leibwache,
Erblickte ich am Marktplatz ein Gedränge.
Voller Neugier ritt ich zu der Menschenmenge
Und befehl meinem Begleitungstrupp rechtschaffen,
Den Weg von den Müßiggängern freizumachen.

Die Männer gaben meiner Weisung Acht
Und haben es mit Müh' vollbracht.
Da sah ich in der dürftigen Schindherde,
Zwei fabelhafte schwarze Pferde!
Ihre langen Mähnen wellten sich,
In einem unbeschreiblich gelben Stich!
In Ringelchen gelockter Schwanz,
Rieselte im goldenen Glanz
Und zum gänzlichen Verblüffen,
Prunkten an den Diamantenhufen,
Seltsame Juwelen, so künstlerisch beschlagen,
Dass vor ihnen alle Kleinode der Welt versagen!"

Unterdrückend einen unwillkürlichen Schluckauf,
Sprang der König hurtig auf
Und blieb, an Haupt und Gliedern begeistert, stehen:
„Die Pferdchen muss ich mir ansehen!
Es wäre wie im Bilderbuch vollkommen,
Den Luxus, für meinen Marstall zu bekommen.
Heda!", rief er seine Diener vor,
„Stellt meine Kutsche vor das Tor!"
Und schon stand da ein Gespann.
Der König trieb den Kutscher eilends an
Und kam, eskortiert von zahllosen Husaren,
Pompös zur Pferdereihe angefahren.

„Hurra-a-a!" ‚schrie die Menge, wie im eifrigen Gefecht.
Der König setzte seinen Purpurrock zurecht,
Stieg von der Kutsche elegant zur Erde
Und begaffte, suchterfüllt, die schönen Pferde.
Er ging sie mal von links an, mal von rechts.
Interessierte sich des Blutgeschlechts.
Tastete hier, berührte dort,
Rief mit einem sanften Wort,
Streichele sacht die goldene Mähne,
Prüfte die perlenweißen Zähne …

Endlich hat er den Untersuch beendet
Und sich gestelzt zum Volk gewendet:
„Leute! Berichtet ehrlich und ohne Ängste!
Wer ist der Eigner? Wem gehören diese Hengste?"
Hochmutig, wie der Gott des Donners Thor,
Stieg Hans hinter den Brüdern hervor
Und sagte, stemmend seine Hände,
Ungezwungen in die Bauernlende:
„Dies sind, von Haus aus, meine Flitzer.
Gleichfalls bin auch ich deren wackerer Besitzer!"
„Ich habe vor, dir die Rosinanten abzukaufen!"
„Siehste, König, ich bevorzuge zu tauschen."
„Was wünschst du dir, zum Guten, als Entgelt?"
„Zwei fünf Mützen Silbergeld,
Ausgezahlt von deinem Finanzminister,
An meine lumpigen Geschwister.
Da werden die wie Honigkuchenpferde strahlen!"
Der König ließ sofort bezahlen,
Sagte gnädig: „Du solltest da nicht arm dran sein."

Und butterte ihm in die Hand fünf Taler rein.
Der König war noch so spendabel
Und möchte es, unmiserabel,
In der Öffentlichkeit aussehen.

Zehn Reitknechte in Livreen,
In hohen, zottigen Pelzmützen,
Geziert mit Kokarden und mit Litzen,
Befreiten die Rosse vom Pferdepfahl
Und führten sie zum Pferdestall.
Doch unterwegs, dem Volk zum Lachen,
Begingen die Reittiere sich freizumachen.
Sie rissen alle Zügel auseinander
Und galoppierten, ein und nacheinander,
Mit dem allen Drum und Dran,
Zu ihrem Eigner Hans heran.
Notgedrungen kam der König auch zurück
Und sprach: „Hans, es geschah zu deinem Glück.
Das Paar scheut sich meinen Pferdeknechten.
Daher bin ich gezwungen, dich bevorzurechten.
Ab sofort, sollst du in meiner Schlossburg dienen,
Bei mir dein täglich Brot verdienen,
Dich in gutes Zeug bekleiden
Und künftig keinen Schaden leiden.
Mein Pferdestall wird dir allein,
Von heute an untergeordnet sein."
Kaum glaubend, dass es ihm so glückt,
Sprach Hans, aufs Äußerste entzückt:
„Oh-la-la! Jetzt werde ich dem König dienen,
Bei ihm mein täglich Brot verdienen,

Sein Pferdestall soll mir allein,
Von heute an untergeordnet sein!
He! Es ist 'ne ziemlich feine Sache.
Gleichwohl, befiehl mal deiner Wache,
Mit mir je keinen Streit zu machen
Und erlaube mir, nach Herzenslust zu schlafen.
Ansonsten siehst du mich nicht mehr!"
Da rief er seine Renner her
Und wendete sich gleich das Blatt –
Singend ging er durch die Stadt,
Und folgend auf dem Fuß dem Hans,
Tänzelten die Rössels einen Freudentanz.
Selbst das Hasepferchen scherbelte im Hocken,
Ohne den kleinsten Dreh zu stocken.
Gafferleute freuten sich dem unbeschreiblich!
Seine Brüder, zwischenzeitlich,
Bekamen die silbernen Finanzen,
Verpackten sie in ihren Ranzen
Und fuhren, ohne kleinste Flause,
Auf dem schnellsten Weg nach Hause.
Im trauten Heim teilten sie das Geld,
Kauften noch ein Ackerfeld,
Heirateten, bemühten sich, ihr Haus zu lenken
Und dem Hans im Guten zu gedenken.

Versuchend sie nicht zu beneiden,
Verlassen wir nun diese beiden
Und belustigend uns mit jenen Taten,
Die den Hans im Märchenland erwarten.
Dabei erfahren wir, wie er einmal fest einschlief

Und das Wunder-Federchen verschlief.
Wie er den Feuervogel fing
Und von seiner Reise nach einem Ring.
Wie er von einer Meeresküste,
Die Edelmut-Jungfrau entführen musste.
Wie er Erlösung einem Wal erbat
Und dreißig Schiffe gerettet hat.
Wie er durch brühheißes Wasser schwamm
Und ein schönes Aussehen bekam.
Mit einem Wort:
Weiter geht die Rede fort,
Davon, wie er seine Aufgaben entwirrt
Und einst ein echter König wird.

Hiermit endet das erste Kapitel

Antrakt

Karr ... Ein Rabe auf einem Schottendorn
Tutete auf einem sprechenden Blashorn.
Nicht fern, auf einem Brückentor,
Summte ihm nach ein Fliegenchor:
„Allen Leuten recht getan,
Ist eine Kunst die niemand kann.
Was du heute kannst besorgen,
Das verschiebe nicht auf morgen.
Ein kluges Sprichwort in dem Mund,
Wiegt meistens mehr als hundert Pfund.
Hoffen und Harren,
Macht einen wissenden zum Narren."

Knall auf Fall kam der Jäger mit der Vogelflinte
Umher ballernd, wie es nur sein Geistblitz sinnte.
Fliehend von den beängstigenden Schüssen,
Schüttelte die Musikkapelle, karr-karr-karr ...
Sich den Staub von den Füssen.

Das zweite Kapitel

Märchentaten werden schnell erzählt –
Hindernisse, wie vom Winde verweht.

Inzwischen wisst ihr, gute Leute,
Respektpersonen der bunten Menschenmeute,
Dass das Gluck den Hans anlachte
Und ihm eine lohnende Stelle verschaffte.
Über sein Amt in den Pferdestallanlagen,
Konnte er sich beileibe nicht beklagen.
Daher, von dem neuen Dienst besessen,
Hat er sogar seine Familie vergessen.
Warum auch sollte er sie vermissen?
Er besaß ein Federbett mit Daunenkissen,
Seine Garderobe füllte eine Reihe Kleiderkörbe
Und der Dienst, machte ihm nicht die kleinste Sorge.
Er aß süß und schlief sehr viel.
Sein Leben war ein Kinderspiel.

Allerdings, fand ein Höfling aus dem Königshaus,
In einer kurzen Zeit heraus,
Dass Hans sein Pferdepaar nicht hegt
Und tags sich gerne in die Büsche schlägt.
Dieser Höfling, muss man sagen,
War das Alt-Oberhaupt der Stallanlagen,
Im Rufe, ein reiches Adelskind
Und machte einst im Pferdestall den Wind.
Er war ein unausstehlicher Griesgram!
Als Hans seine Dienststelle bekam,
Wurde der Höfling, gezwungenermaßen,

Aus dem Pferdestall entlassen
Und beauftragt, am Königs Schlafbett wachen
Um den hoheitsvollen Nachttopf sauber zu machen.
Kein Wunder, dass der adlige Nachfahr,
Auf den Hans sehr böse war
Und schwor Stein und Bein, zugrunde gehen,
Doch den Eindringling fallen sehen.
Seine Hinterlist verhehlend,
Stellte sich der Gauner elend
Und tat, als sei er taub und stumm,
Schwach, kurzsichtig und halb dumm,
Heimisch sinnend: Warte ab, du Bauerssohn!
Dich bringe ich um deinen Lohn!

Somit fand der Höfling aus dem Königshaus,
In mancherlei Wochen heraus,
Dass Hans tags sich in die Büsche schlägt
Und seine Pferdchen überhaupt nicht hegt.
Dabei waren sie allzeit gehoben
Und, mit Geheimnissen umwoben,
Eine schiere Augenweide.
Ihr Fell schillerte, wie Seide,
Eigenartig und bizarr,
War fest gebündelt das Stirnhaar.
Ihre, mit Flechten ausgeschmückte Mähnen,
Verschlangen sich in krausen Strähnen.
In den Tränken, bei den pumperlfitten Rossen,
Honigwasser, als wenn vom Tage erst hineingegossen.
Das appetitlich grüne Pflanzenfutter,
Duftete nach Süßrahmbutter.

Man fand es in den Raufen jederzeit
Und glaubte, dass es dort von selbst gedeiht!
Der Höfling machte sich einen Kopf voll Fragen
Und begann nachdenklich, seine Fingernägel abzunagen:
Warte mal! – Besucht nicht dreist,
Den Hans zuweilen ein Hausgeist,
Der ihm hilft die Wirtschaft führen?
Das muss ich irgendwie aufspüren!
Um dem Dummkopf einen Schaden zuzufügen,
Kann man, notfalls, auch vorlügen.
Ich zeige im Staatsrat an,
Dass der neuangekommene Dienstmann,
Ein gemeingefährlicher Hexer ist,
Welcher mit verhüllter List,
Tagsüber unauffällig bleibt,
Nachts aber geheim die Schwarze Kunst betreibt.
Dass er mit dem Teufel Freundschaft sucht,
Die Kirche sonntags nicht besucht,
Genießt an Fastenzeiten Fleisch, statt Bohnen,
Und predigt fremde Religionen!

Abends, noch am selben Tag,
Stahl sich der Höfling in den Pferdeschlag,
Hat sich in einem Schlupfwinkel versteckt
Und mit Haferkorn bedeckt.

Die Mitternacht ist angebrochen.
Des Höflings Herz fing an zu pochen,
Vor Schreck halbtot, lag er erstarrt,
Sich Gebete murmelnd in den Bart

Und wartete, auf den grauen Mahr.
Horch …! Erscholl ein kaum vernehmbares Geknarr!
Die Pferde schnauften, und selbstgerecht,
Betrat den Pferdestall der Oberknecht!
Er ließ sich zur Arbeitstätigkeit herab –
Legte, behutsam, seine Kopfbedeckung ab
Und holte aus dem Futterleder,
Des Kaisers Hort – die goldene Zauberfeder!
Da erglänzte so ein Licht,
Dass der Höfling hielt nur dicht,
Weil er vor Schreck den Mund verkniff
Und gedankenlos ins Leere griff.
Fast verlierend den Verstand,
Zuckte er stumpfsinnig mit Hand,
Sodass von ihm der Hafer herunterfiel,
Setzend seine Geheimhaltung aufs Spiel.
Doch das Gespenst scheint ihn nicht zu merken.
Es ließ sich an, im Pferdestall zu werken,
Striegelte die Pferdchen, schmückte sie aus
Und machte der Unordnung den Garaus.

Indessen hat der Höfling, noch verwirrt,
Vorsichtig ein Auge aus dem Korn riskiert,
Und versuchte herausbekommen, wie der Geist,
Mit Magie den Hausputz schmeißt.
Was ist das? Aus welcher Sicht,
Verkleidete sich der Bösewicht?
Er trägt ein Hemd aus weißem Leinen,
Hat brandneue Stiefel an den Beinen,
Besitzt keine Hörner und keinen Schwanz

Und ähnelt haargenau dem Hans!
Der Höfling machte einen langen Hals
Und betrachtete den Spuk nochmals …
Soso! Jetzt habe ich entdeckt,
Was hinter deiner Dummheit steckt.
Erwarte nur den hellen Tag,
Dann verspürst du meinen Schlag!

Keine blasse Ahnung habend
Dass, ihm zu, ein Unglück krabbelt,
Sang Hans, dem Spion zuwider,
Halblaut schlichte Heimatlieder
Und hat währenddessen ungehemmt,
Die Pferdemähnen glattgekämmt.
Nachher flocht er sie in Einzelzöpfe,
Kippte Honigwasser in die Tränketöpfe
Und streute Weizens gelbe Haufen,
In kunstvoll verzierte Eichenraufen.
Danach versteckte er die Feder,
Wie zuvor, im Mützenfutterleder,
Gähnte, legte sich aufs Stroh am Tor
Und schob sich die Mütze unters Ohr.

Erst bei den grauen Morgenspuren,
Traute sich der Höfling, umsichtig zu rühren.
Fest überzeugt, dass Hans unter einer Pferdedecke
Schnarcht, wie der glorreiche Recke,
Kroch er lautlos, wie eine Maus,
Aus seiner Tarndeckung heraus,
Schlich sich, gereizt vom Rachewahn,
Zum vom Schlaf übermannten Hans heran,
Steckte in dessen Mütze seine Hand,
Grapschte die Zauberfeder und verschwand.

Der König war erst noch halbwach,
Da rutschte der Höfling in das Schlafgemach,
Schlug in den Fußboden mit der Stirn
Und begann zu flechten den Anzeigezwirn:

„Gebieter! Von Angesicht zu Angesicht,
Bringe ich eine Übeltat ans Licht.
Befehle nicht, mich hinzurichten.
Befehle, reden und berichten."
Der König erlaubte, noch verschlafen:
„Sprich, nur ohne Bluffgeschichten zusammenzuraffen.
Wenn du versuchst, Bedeutungsloses vorzutragen,
Trenne ich dir das Haupt vom Kragen."
Der Höfling beherrschte seine Furchterregung
Und sagte: „Ich bitte höflich um Vergebung
Und schwöre bei dem sakralen Christ,
Dass meine Berichterstattung ernsthaft ist.
Ich möchte dir den Gleichmut nicht verdrießen,
Dennoch solltest du, als Reichskopf, wissen,
Dass unser Hans behämmert wirkt,
Aber im Hut die Wunderfeder von dir birgt."
„Die Wunderfeder? Oh, verdammt!
Er wagte es bei seinem Amt?
Warte, zugeknöpfter Laffe,
Du entrinnst mir nicht der Strafe!"
„Ist nicht beendet mein Rapport"
Fuhr der Höfling tückisch fort,
„Wäre halb so übel sein Verhalten,
Wenn er erstrebte, nur die Feder zu behalten.
Doch das Kerlchen prahlte, nicht vor langen,
Dass er, wenn solltest du's von ihm verlangen,
Selbst den Feuervogel, quicklebendig,
Beim Wickel kriegen konnte, eigenhändig."
Mit diesem Wort kroch der Zuträger,
Zu seinem einflussreichen Brötchengeber,

Reichte den wertvollen Schatz
Und rückte sich auf seinen Platz.

Staunend, ergötzte sich die Majestät,
An dieser wunderlichen Rarität.
Der König lachte, schnalzte mit der Zunge,
Hüpfte im Bett spaßhafte Sprünge …
Letztens hat er den Schaft der Feder angebissen,
Schob sie pfleglich unter ein Ruhekissen,
Rief seine Laufburschen und befahl:
„Holt mir den Prahlhans, aus dem Pferdestall!"

Laufburschen liefen, um den Hans zu rufen,
Aber stießen, wie gerufen,
Als wenn zufällig, aufeinander,
Meisternd ein zügelloses Durcheinander!
Der König musste in Wollust ausbrechen
Und lachte, bis zu scharfem Seitenstechen!
Die Schelme merkten gleich,
Dass er Gefallen fand am Streich
Und streckten, im liebedienerischen Sinn,
Nochmals, alle vier zur Seite hin.
Das putzmuntere Gewimmel,
Brachte den König in den siebten Himmel.
Er belohnte jeden, bis zum letzten Mann,
Mit einem überseeischen Kaftan.
Da liefen die Gesandten ein neues Mal,
Nach dem Hans in den Marstall.
Nun verlief es auch auf zack,
Ohne Streich und Schabernack.

Sie kamen zu den Stallanlagen
Und legten los, mit heiterem Behagen,
Den Hans, mit Tritt und Rippenstoßen,
Aus seinem tiefen Nachtschlaf zu erlösen.
Sie setzten alles auf den Hosenboden, um es zu schaffen,
Jedoch brachten es nicht, ihn wach zu machen.
Letztlich kam ein Mensch aus dem Dienstflügel
Und weckte ihn mit einem Prügel.

„Was ist das für ein Volksauflauf?"
Fragte Hans, stehend von seinem Ruhelager auf.
„Ich lass euch meine Knute fühlen,
Dann hört ihr auf, hier rumzuwühlen
Und mich, ohne Not, aus dem Tiefschlaf holen!"
„Der König hat es so befohlen."
„Fein! Von Kapee bin ich ja nicht schwer.
Geht voraus, ich komme auf Schusters Rappen hinterher."
Antwortete Hans, überrascht vom Stelldichein,
Schlüpfte in seine Festkleidung hinein
Und wusch sich die Wangen rundherum.
Zuletzt legte er sich einen Leibriemen um,
Hängte an der Seite seine Peitsche an
Und wandelte wie ein in den See schlitternder Schwan.

Im Schloss meldete er sich zum Empfang,
Kniete sich, angemessen seinem Rang,
Hustete absichtlich auf und wollte wissen:
„König, weshalb hast du mich dem Schlaf entrissen
Und meine Mußezeit gestört?"
Der König ging postwendend, ungeheuerlich empört,

Dem Hans wutschäumend an den Kragen:
„Halt den Mund! Hier stelle ich die Fragen!
Gestehe nun, wie du in Gier,
Gemein verheimlicht hast von mir,
Mein kaiserliches Eigentum und Gut,
Die Feder mit der Zauberglut!"
„Einen Augenblick!" Fragte Hans mit Wissbegier,
„Meine Mütze gab ich weder dir,
Noch deiner treuen Wache.
Wie hast du denn erfahren von der Sache?
Des Freundes Hein angesichts,
Weiß ich selber von der Feder nichts!"
„Gemeiner Lump! Um der Strafe zu entfliehen,
Versuchst du, mich über den Tisch zu ziehen?
Denkste! Es ist nicht schwerlich vorzusehen,
Dass du gezwungen wirst, den Diebstahl zu gestehen!"
Schrie der König und hob mit einem Schlag,
Das Kissen, unter welchem die Zauberfeder lag.
„Und was ist das?" – Da ließ der Hans,
Zitternd wie ein Hasenschwanz,
Seine leergeangelte Mütze fallen.
„Was ist, tat ich dir keinen Gefallen?
Du lügst, dass sich die Balken biegen!
Nun werde ich dich erst recht kleinkriegen!
Mit meinem Degen gerbe ich dein Leder ein,
Das wird dir ein Denkzettel fürs ganze Leben sein!"
„O je! Hör auf, mich auf Teufel komm raus zu rügen.
Ich schwöre dir, nicht mehr zu lügen."
Flehte Hans ganz todesbang
Und streckte sich dem Boden lang.

„In Ordnung! Fürs erste Mal, mein Sohn,
Verzeihe ich dir die Manipulation!
Ich, bewahre mich Gott vor Übermut,
Entziehe manchmal in der Wut,
Einem den langgepflegten Schopf
Und zwar zusammen mit dem Kopf!
Aber du siehst ja ohnehin,
Was für ein Ärgerlicher ich bin.
Nun zur Sache! Ich habe gehört,
Dass du gegeben hast dein Wort,
Mir den Feuervogel zu besorgen,
Wenn es mir am Herzen lag, dir anzuordnen!"
Hans sprang auf, vom Schreck gepackt:
„So was habe ich nicht gesagt!
Die Feder leugne ich nicht ab,
Doch das andere ist papperlapapp.
Es ist erlogen und nicht wahr.
Ich bin ja, auf die Letzt, ein schlichter Narr."
Der König brüllte, schüttelnd den Bart:
„Du willst verhandeln, Bastard!
Ich nummeriere deine Knochen!
Wenn du pünktlich, in drei Wochen,
Den Feuervogel mir nicht bringst
Und damit mich zum Unfrieden zwingst,
Wirst du es mit deinem Kopf bezahlen!
Und sei es dir, am Ende, zum Missfallen,
Bewirte ich dich, davor, mit Pferdeleinen!
Raus hier!" Hans begann, dicke Tränen zu weinen,
Hat dem König den Rücken zugekehrt
Und ging zu seinem Hasepferd,

Welches ruhend, größtenteils im Alltag,
Mucksmäuschenstill auf dem Heuboden lag.

Das Hasepferdchen witterte den Hans
Und stürzte sich vor Freude in den Tanz.
Doch als es dessen Tränen zu Gesicht bekam,
Wurden seine Äugelein herzinnig klamm.
„Hans, weswegen wirkst du gottverlassen?
Weshalb hast den Kopf schwer hängen lassen?
Bist du, mein Lieber, nicht gesund?"
Fragte es, fürsorglich kommend auf den Grund.
Hans drückte das Pferdchen an seine Brust,
Hat es gestreichelt und geküsst:
„O, weh! Ein Unglück ist geschehen.
Der König will den Feuervogel lebend sehen,
Und zwar, in seiner eigenen Schatzkammer.
Es ist, fürwahr, ein Jammer!
Was soll ich nun, mein Freundchen, machen?"
„Ich rede nicht gern über verstaubte Sachen.
Aber, als wir damals, in die Nacht lostrabten
Und die Zauberfeder gefunden hatten,
Sagte ich nicht? – Sie würde dich ins Unglück bringen.
Nun hörst du die Gefahr an der Tür laut klingen.
Dennoch unterstütze ich dich bei Schwarz und Helle,
Und Gott sei Dank ist dieser Auftrag eine Bagatelle.
Der ernste Dienst kommt nachhinein in Frage.
Gehe augenblicks zum König hin und sage –
Die Sache kann keinen Aufschub dulden.
Ich brauche momentan zwei Futtermulden,
Weiße Sommerhirse und extrafein,

Gut abgelagerten Bergreben Wein. –
Dazu bitte ich dich, Anweisungen zu erteilen,
Sich mit den Vorbereitungen beeilen.
Frühmorgens rücken wir ins Freie los."

Gesagt, getan. Hans ging sofort ins Königsschloss
Und brachte seiner Majestät zutage
Die, ihm beauftragte Ansage:
„König, die Sache kann keinen Aufschub dulden.
Ich brauche augenblicks zwei Futtermulden,
Weiße Sommerhirse und extrafein,
Gut abgelagerten Bergrebenwein.
Dazu bitte ich dich, Anweisungen zu erteilen,
Sich bei den Vorbereitungen beeilen.
Frühmorgens rücken wir ins Freie los."
Eilends, befahl der König seinem Dienertross,
Aufzufinden auf die schnellste Weise,
Alles nötige für die weite Reise
Und sagte, zufrieden streichelnd den Bart:
„Bravo, Hans!" und „Gute Fahrt."

Am nächsten Tag, in aller Frühe,
Weckte das Rösslein den Hans mit kleiner Mühe:
„Mein Herr! Es reicht in Traumwolken zu schweben.
Es ist Zeit, das Unheil zu beheben!"
Hans erlaubte sich kein Wort zum Streiten
Und unternahm, sich in den Weg vorzubereiten.
Er legte, nebst dem Korn und Wein,
In die Mulden, eine Schnitte Brot hinein,
Zog sich tunlichst wärmer an,

Stieg zu Ross mit allem Kram,
Stärkte sich mit einen Bissen Brot
Und ritt zu dem fernen Morgenrot,
Auf den lebensgefährlichen Vogelfang.

Sie reisten eine Woche lang.
Am achten Tag machten sie Halt,
An einem düster dichten Wald.
Das Pferdchen zeigte in Waldes Richtung:
„Hier, liegt eine riesengroße Lichtung
Und auf der Lichtung, Gottes Werk,
Ein, aus reinem Silber, hoher Berg.
Genau auf diese Stelle,
Kommen vor Anbruch der Tageshelle,
Feuervögel, sich ihr Federkleid weißwaschen.
Da wirst du sicherlich das Federvieh erhaschen."
Hier sprang das Rössel kurzerhand,
Auf ein blühendes Grasland.
Ihre Augen wurden, wie vom Donner gerührt, runder.
Sie erblickten ein, wie ausgemaltes, Naturwunder!
Tauperlen im smaragdgrünen Wiesengras,
Schillerten, gleich dem kostspieligen Topas!
Ringsum blühten, im unermesslichen Volumen,
In tausend Farben kunterbunte Blumen.
Sprenkelnd mit brillanten Funken über die Wiese,
Zerstäubte den zarten Blütenduft, eine hauchleichte Brise
Und die emporragende Bergspitze,
Schwebte unter einer Wolkenmütze,
Gleich einer Meereswoge, derer Kamm,
Vom Sturmwind, eine würdevolle Schaumkrone bekam!

Selbst die Sonne bemühte sich, mit grellen Strahlen,
Den Berg verblüffend zu bemalen.
Sie bestrich fantastisch jeden Zipfel
Und glühte feurig auf dem Gipfel.

Das Pferdchen brachte auf seiner Kruppe,
Den Hans auf eine silbrige Bergkuppe,
Lief dem angeschwärzten Gipfelgrat entlang
Und sagte, beruhigend den schnellen Gang:
„Die, da drüben, froh sprudelnde Wasserquelle,
Ist dieselbe Badestelle,
Wo sich Feuervögel niederlassen.
Hier musst du einen beim Schlafittchen fassen.
Freilich wird vor Eintritt der Nacht,
Die schlaue Mache in die Tat vollbracht.
Gieße in einen Futtertrog den Wein
Und streue die Sommerhirse umrührend hinein.
Nun, um sich von dem Geflügel zu verstecken,
Solltest du dich, mit dem zweiten Trog zudecken.
Feuervögel kommen angeflogen,
Mit Blitzen, bunter als ein Regenbogen.
Wenn sie die Fütterung erblicken,
Beginnen sie die Hirse fresssüchtig zu picken
Und werden von dem süßen Wein,
Im Handkehrum volltrunken sein.
Da schnappe dir, wenn's zeitig wird,
Den, welcher sich aufs Beste amüsiert.
Wenn du einen ergriffen hast,
Schrei um Hilfe, wie vom Geist erfasst.
Ich erscheine, stehenden Fußes auf der Szene."

„Und wenn ich mich dabei verbrenne?
Das Vöglein konnte mir entfliehen!"
„Du solltest dir Fäustlinge anziehen.
Ich aber muss auf meine Position."
Kündete das Rosslein an und lief davon.
Hier beeilte Hans, sich nieder zu bücken
Und über seine Schultern die leere Mulde drücken.

Noch vor dem ersten Hahnenschrei,
Errötete des Himmels dämmergraue Blei,
Dann wurde es helllicht, wie am Tag.
Mit Gekreisch und lautem Flügelschlag,
Purzelten vom Sternhimmel kopfunter,
Feuervögel, zu dem Wasserquell herunter,
Schlossen um die Futterstelle wilde Kreise
Und begangen, sich laut zu streiten um die Speise.

Hans lag unter der Ersatzmulde maskiert,
Betrachtete, wie die Fütterung passiert,
Nachahmte die Vögel Strich für Strich
Und sprach verwundert selbst mit sich:
„Pfui! Wie viel von diesem Biest,
Hier plötzlich angelandet ist!
Sie umzingelten den Fraß, wie Fliegen.
Ach, wäre es gut, sie allesamt zu kriegen!
Da hätte ich einen Profit!
Nichts zu sagen, das Federvieh ist fit.
Es hat kupferblaue Ohren
Und beschuppte Enterhaken-Sporen.
Dadurch sind ihre Pfoten echt zum Lachen,

Wie auch bei den bösen Höhlendrachen.
Haushühner gleichen diesen einfach nicht.
Dabei verströmen die in Mengen Licht,
Als wenn ein brenzliger Feuerbrand …!"
Als dieses Selbstgespräch ein Ende fand,
Verließ er seine hölzerne Obhut,
Kroch zur schlemmend tafelnden Brut
Und packte einen Wunderhahn beim Sterz.
Derzeit glich sein angespanntes Herz,
Dem silbern schimmernden Zitterpappelblatt,
Welchem sich ein unausweichliches Gewitter naht.
„Hasepferdchen! Lauf schnell her!
Der Gockel ist unheimlich schwer!
Ich mache mir Sorgen um seinen Schwanz!"
Rief um Beihilfe der Hans.
Wie der Blitz kam das Pferdchen angelaufen
Und sagte, nach einem billigenden Schnaufen:
„Oho! Die Arbeit meistertest du mit Zack!
Na! Steck den Vogel schleunigst in den Sack,
Binde um den Sackhals einen festen Knoten
Und packe, im Sturmschritt, unsere Klamotten.
Wir werden uns in den Rückweg setzen."
„Lass mich erst die Vögelchen zur Flucht aufhetzen.
Sie erzeugen ja 'nen Lärm,
Da verdreht sich in dem Magen das Gedärm!"

Bat Hans und schlug mit seinem Sack,
Das sich zum Platzen vollgestopfte Vogelpack.
Glänzend, wie eine Sternschnuppe,
Fuhr der Schwarm von der Bergkuppe,
Rollte sich in einen Feuerreifen

Und raste, gackernd, hinter einen Wolkenstreifen.
Hans sprang derweilen am Bergbach,
Schwankte den erschreckten Vögeln nach,
Schreiend, so furchtbar laut,
Da überlief der ganzen Bergtierwelt eine Gänsehaut.
Nach diesem kindisch ausgeführten Streich,
Machten sie sich auf den Weg ins eigene Königreich
Und meisterten es, die Hauptstadt glücklich zu erlangen.

„Nanu? Hast du das Geflügel fürwahr gefangen?"
Richtete sich der König, staunend an den Hans.
(Der Höfling lauerte in sicherer Distanz
Und rieb sich, erwartend des Rivalen Ende,
Schadenfroh erregt, die Hände.)
„Ja!" Antwortete Hans gewichtig,
„Es ist, mein König, durchaus richtig.
Ein Viehchen hab' ich hoppgenommen!"
„Diese Nachricht ist mir hochwillkommen.
Wo ist es denn? Ich glaub' es kaum!"
„Befehle erst in diesem Raum,
Alle Fensterläden dicht zu machen
Und eine Finsternis verschaffen."
Schlossangehörige schmetterten in Nu,
Alle Fensterläden festliegend zu
Und stellten sich, erwartend, strack.
Hans legte den bestaubten Sack,
Zu Füßen des verblüfften Königs:
„Na, zeige dich, mein Feuerphönix!"
Schlagartig erhellte den Raum ein schrilles Licht.
Jedermann bedeckte schützend sein Gesicht!

Der König schrie: „Du, meine Güte!
Ein Feuersturm in meiner Hütte!
Ruft die Löschmannschaft ins Haus!
Wasser her! Löscht das Schadenfeuer aus!"
„König, hier, in deinem Empfangszimmer,
Glitzert nur eines Geflügelten Geflimmer."
Versuchte der Vogelfänger, es ihm klarzumachen
Und konnte sich dabei kranklachen,
„Ich habe dir ein Feuerspielzeug aufgejagt!"
Der König guckte dumm und hat gesagt:
„Hans, von klaren Sternstunden begleitet,
Hast du mir eine Lustigkeit bereitet.
Mit deiner Dienstleistung zufrieden,
Habe ich, für Ewigkeit entschieden,
Dich im Dienstgrad gebührend zu erheben
Und dir den Posten Stallverwalter, als Prämie, zu geben!"
Sehend, dass Hans seine Stellung nicht verdarb,
Vielmehr, unerwartet einen Dankespreis erwarb,
Sprach vor sich hin, der ehemalige Stallleiter:
„Warte, Milchbart! Die Aktion geht weiter!
Nicht immer wird es dir gelingen,
Den Kopf zu ziehen aus den Schlingen.
Beim Zufall lege ich dich von Neuem ein,
Da gehst du schon ins Garn hinein!"

Nach etlichen inhaltslosen Wochen,
Ruhten den Feierabend lang ununterbrochen,
Höfische Lehnsleute, das Küchenpersonal
Und Grooms vom Pferdestall.
Sie schlürften in kleinen Massen Met,

Lesend ein, im Käseblatt erschienenes, Pamphlet.
„Ach was!" Sagte dazwischen ein Lakai.
„Neulich war ich in der Bücherei
Und habe dort ein fesselndes Buch gelesen.
Es war zerfetzt, aufs Äußerste zerlesen,
Enthielt wenige gedrückte Seiten,
Mit nur fünf Märchen, aus uralten Zeiten,
Aber so bewundernswert geschrieben!
So was muss man können, fertig hinzukriegen!"
Da riefen alle wie aus einem Munde:
„Solch 'ne Fabel, käme uns bestimmt zur guten Stunde!"
„Und welches Märchen wollt ihr hören?
Es sind ja fünf. Nun spitzt mal eure Ohren.
Das erste hieß: Hähnchen, Kater und die Drossel.
Das zweite – Das grässliche Weisengössel.
Das dritte ... hilf mir Gott!
Ach ja! In dem dritten, war der zauberhafte Pott!
Im vierten, die elf Geißlein und der Isegrim.
Im fünften ... Ach! Es schwand mir aus dem Sinn!
Im fünften Märchen wird's gesprochen ...
Es hängt mir auf der Zunge halb getroffen!"
„Lass es! Es fällt uns keine Perle aus der Krone."
„Warte! Womöglich geht's um eine Schöne?"
„Um eine Schöne? ... Ja, genau!
Es handelt über die Schöne Edelmut-Jungfrau!
Welches Märchen schilderndan Faden,
Soll ich denn anknüpfen, Kameraden?"
„Erzähle, glattweg, von der Edelmut-Jungfrau!
Es wird zweifellos die schönste Märchenschau!"

Der Lakai setzte sich gewichtig hin
Und schilderte mit Herz und Sinn:
„In einem weit entfernten Land,
Übersät mit Edelharzen und Goldsand,
Befindet sich, Jungs, ein Ozean.
In der Gegend ist der Christenmann,
Weder im adligen, noch im schlichten Wesen,
Bis heutzutage nie gewesen.
Nur Ankömmlinge von weiten Seereisen,
Munkelten in einigen Matrosenkreisen,
Dass dort ein Mädel lebt in Wonne.
Seine Mutter ist die Gebieterin des Himmels, Sonne.
Der helle Mond, Befehlshaber im Sternen-Sektor,
Sei vermutlich, ihr eigen Bruder und Protektor.
Das Kindchen ist, infolgedessen,
Eine sagenhafte himmlische Prinzessin.
Bekleidet, von oben bis ans Unterste in Rot,
Kahnt es in einem Paddelboot.
Dabei rudert das sonnige Hochadel,
Eigens mit einem goldverzierten Bernsteinpaddel.
Zuweilen musiziert es auf der Violine
Und singt mit silberheller Stimme …"

An dieser hörenswerten Erzählungsstelle,
Hat der Höfling, auf die schnellste Schnelle,
Seinen Katzbuckel hochgerissen
Und flitzte, wie von Hornissen gebissen,
In den königlichen Wohnsitz,
Vor des Königs mächtigem Antlitz,
Klopfte dumpf in den Fußboden mit der Stirn,

Flechtend einen niederträchtigen Anzeigezwirn:
„Gebieter! Von Angesicht zu Angesicht,
Bringe ich eine Neuigkeit ans Licht.
Befehle nicht, mich hinzurichten.
Befehle, reden und berichten."
„Sprich, aber hänge an den Nagel das Vergnügen,
Das Blaue von dem Himmel herunter zu lügen.
Das Mogeln hat kein Körnchen Sinn!"
Sprach der König vor sich hin.
Dennoch, verwickelt mit dem Hans in eine Fehde,
Brachte ihn der Höfling in eine boshafte Nachrede:
„Heute," sagte er, „zechte das Bedienungspersonal,
Im werktäglichen Gesinde-Speisesaal.
Derweil hat ein Lakai sich Spaß geleistet
Und uns, durch ein Märchen, grenzenlos begeistert.
In der Mär beschrieb er strikt genau,
Den Liebreiz einer Edelmut-Jungfrau.
Darauf schwor der neue Stallverwalter,
Bei deinem hochbetagten Alter,
Dass er ihren Heimatskontinent,
Wie seine Westentasche kennt
Und prahlte, es spielend schaffen,
Die Schönheit für dich persönlich zu verschaffen."
Nach diesem gemeinen Klatschgesang,
Streckte sich der Höfling lang,
Vor seinem einflussreichen Herrn.
„He! Ich hätte allzu gern,
Mit dem Hans, über sein Verhalten,
Ein Plauderstündchen abgehalten!"
Wendete sich der König an seine Leute.

In Erwartung seiner Beute,
Stellte sich der Höfling in den Schatten
Und Laufburschen flitzten aus den Schlosspenaten,
Überspringend gleich drei Treppenstufen,
Um möglichst schnell den Hans zu rufen,
Fanden ihn in einen tiefen Schlaf gesunken,
Und brachten ihn, halbangezogen und schlaftrunken.

„Hans, das Unglück klebt an dir wie Pech."
Eröffnete der König das Gespräch,
Diesmal in einem sanften Ton.
„Sieh mal. Auf deine liebenswürdige Person,
Wurde eine Anzeige gemacht.
Man erzählt, dass du heut Nacht,
Geprahlt hast, mühelos ein Weltmeer zu erlangen
Und die Edelmut-Jungfrau für mich zu fangen."
„Gott sei mit dir und deinem Clan!"
Fing der Stallverwalter verwundert zu erklären an.
„Solche Dummheit hätte mir nicht gut gerochen.
Da habe ich, bestimmt, im Schlaf gesprochen.
Mach dich lustig, du sitzt ja warm,
Mich nimmst du einen Pustekuchen auf den Arm!"
Da schrie der König, schüttelnd den Bart:
„Hans! Du niederträchtiger Bastard!
Deine Starrköpfigkeit wird leicht gebrochen!
Wenn ich das Mädchen in drei Wochen,
In meinem Schloss nicht sehen werde,
Verpasse ich dir, ohne fipsiger Beschwerde,
Einen Denkzettel mit Pferdeleinen!
Raus!" Hans begann bittere Tränen weinen,

Machte kreuzunglücklich kehrt
Und ging zu seinem kleinen Hasepferd.

„Weswegen bist du nicht gelassen?
Weshalb hast du den Kopf schwer hängen lassen?
Wer hat dir Kummertränen angetan?"
Erkundigte sich das Rösslein zugetan.
Hans drückte das Pferdchen an seine Brust,
Hat es gestreichelt und geküsst:
„O weh! Der König will mich niedermachen!
Nun soll ich ihm die Edelmut-Jungfrau herschaffen
Und so ein Mist,
Er gab mir nur drei Wochen Frist!"
„Wie sollte man, zum Wort, nicht sagen,
Dass wir es, der argen Feder zu verdanken haben.
Sie nicht einzusacken, wäre ja gescheiter."
Bedauerte das Pferdchen und offenbarte weiter:
„Zum Glück, kenne ich die Mademoiselle
Und auch dieser Auftrag ist eine Bagatelle.
Der ernste Dienst kommt später erst in Frage.
Suche morgens den König auf und sage –
Ich brauche zwei gemusterte Tischdecken,
Mit handbearbeiteten Tischbestecken,
Ein morgenländisches Ruhezelt
Und Leckereien, aus aller Süßigkeiten Welt."

Gleich, nachdem der Tag sich über die Erde ragte,
Suchte Hans den König auf und sagte:
„Hoheit, ich brauche zwei handbearbeitete Tischdecken,
Mit gemusterten Tischbestecken,

Ein morgenländisches Ruhezelt
Und Leckereien, aller Süßigkeiten Welt."
„Das ist im höchsten Grade nett!"
Sprach der König, sich hochraffend auf dem Bett.
Befiel herzubringen, auf die schnelle Weise,
Alles nötige für die weite Reise
Und sagte, zufrieden streichelnd den Bart"
„Bravo, Hans!" und „Gute Fahrt!"

Am nächsten Tag, in aller Frühe,
Weckte das Ross den Hans mit kleiner Mühe:
„Mein Herr! Langsam solltest du erwachen.
Es ist Zeit, das Schlechte gut zu machen."
Hans erlaubte sich kein Wort zum Streiten
Und setzte sich ein, den Weg vorzubereiten.
Er nahm das Zelt und die Tischdecken,
Die Bestecke und die kandierte Schlecken.
Mit seinem Hasepferdchen gütlich,
Machte er sich darauf gemütlich,
Dinierte mit einem Happen Brot
Und ritt, in Richtung Morgenrot,
Auf den gewagten Mädchenfang.

Sie reisten eine Woche lang.
Am achten Tag machten sie Halt,
An einem finster dichten Wald.
Das Rösslein zeigte auf eine schmale Bahn:
„Dies ist der Weg zum Ozean,
Auf dessen Weiten die Schöne wohnt,
Umhegt von ihrem Bruder Mond.

Zweimal im Jahr besucht sie diesen Meeresstrand
Und setzt ein Füßlein aufs Festland,
Um uns den langen Sommertag zu bringen.
Das zu sichten, wird dir späterhin gelingen."

Nach dieser Rede voll Elan,
Lief das Hasepferd zum Ozean,
Dessen Oberfläche blaue Wogen,
Rhythmisch würdevoll bewogen.
An der Küste blieb es stehen
Und erklärte das weitere Vorgehen:
„Lauf hurtig zu den Sanddünen hinauf
Und richte das Zeltstück augenfällig auf.
Nun platziere die Kanditen und das Besteck,
In einem lichtdurchfluteten Zelteck,
Auf den zierlichen Tischdecken.
Jetzt musst du dich hinter dem Zelt verstecken.
Sieh! Da treibt die Flut, mit Meisterhand,
Das Boot mit der Prinzessin-Edelmut zum Land.
Erlaube ihr ins Zelt hineinzugehen
Und lass sie ungehindert sich umsehen.
Immerhin darfst du bei ihrem Musizieren,
Kein Weilchen für die Katz verlieren.
Sodann renne zu dem reizenden Geschöpf
Und greif es an den langgepflegten Zopf.
Aber spiele, um jeden Preis, den Kavalier
Und rufe mich, sofort, zu dir.
Auf deinen ersten Hilfeschrei,
Eile ich zur Hilfe bei,
Unterstütze dich und kurz darauf,
Brechen wir von dannen auf."
Hier verbarg sich das Hasepferdchen von dieser Welt,
Hans aber versteckte sich hinter dem Zelt
Und begann in der Leinwand ein Loch zu drehen
Um das, was im Zelt geschehen wird, zu sehen.

Es war die zeitige Nachmittagsstunde.
Edelmut-Jungfrau kreuzte eine Umschaurunde,
Hat kunstgerecht und unentwegt,
Das Boot ans Ufer angelegt,
Lief leichtfüßig in das Zelt hinein
Und setzte sich gemütlich an die Naschereien.
„Heiliger Strohsack! Dies ist die Edelmut-Jungfrau?
Ihre Augen sind umwerfend blau,
Aber sie ist abgemagert und sehr blass.
Dazu hat ihre Wespentaille ein viel zu schmales Maß!
Wieso gibt man denn von ihr ein Bild,
In dem sie prachtvoll ist und mild,
Mit Gesichtszügen, wie gemalt
Und einer gut gewachsenen Gestalt?
Diese sieht ja überaus,
Weder hübsch noch kräftig aus.
Ihre Füßlein obendrein,
Sind, im Vergleich zu meinen, winzig klein.
Mit der darf sich, wer anderer laben.
Solch ein, möchte ich geschenkt nicht haben."
Überlegte der Stallverwalter, glotzend in das Loch,
Das er gedreht hat im Zeltstoff.

Da ließ Edelmut-Jungfrau die Saiten klingen
Und begann, so süß zu singen,
Dass Hans unwillkürlich gähnte,
Den schweren Kopf an seine Fäuste lehnte
Und schlief, ohne sich daran bewusst zu sein,
Tief und ruhigen Gewissens ein.

Der Sonnenuntergang brannte langsam aus.
Hans träumte sich im Vaterhaus …
Unerwartet verspürte er einen Tritt vom Huf
Und hörte des Pferdchens wiehernden Ruf:
„Schlaf, mein Teurer, bis zum nächsten Tag.
Ein schmachvoller Schicksalsschlag,
Erwartet dich mit Pferdeleinen!"
Hans schlug die Augen auf, begann zu weinen
Und bat mit aufrichtiger Reuegebung,
Bei dem Pferdchen um Vergebung.
Des Rössleins Stimme hallte grollend,
Doch es antwortete eh wohlwollend:
„Morgen kommt die schöne Meeresamazone,
Noch vor dem Erscheinen der frühen Morgensonne,
Zum zweiten Mal von diesen Süßigkeiten kosten.
Wenn du demnächst, auf dem Wachposten,
Dir erlaubst, noch mal die Aktion zu ruinieren,
Wirst du in Tat und Wahrheit deinen Kopf verlieren."
Abermals verschwand das Rösschen in unbekannten Orten,
Hans jedoch fing an zu horten,
Scharfe Steine und Nägel von den Schiffen,
Gescheiterten bei Stürmen an den Uferkliffen,
Um mit denen, sich wach zu stechen,
Wenn ihn der Schlaf beginnt zu brechen.

In der Morgenstunde, vor Tau und Tag,
Erschien Edelmut-Jungfrau erneut an dem Biwak.
Sie steuerte das Schifflein an den Strand,
Ankerte es fest, an dem Schwemmsand,
Flitzte geflügelt in das Zelt hinein
Und schmeckte von den feinen Naschereien.
Hiernach ließ sie ihre Violine klingen
Und brach an, so wunderschön zu singen,
Dass Hans schloss, wie letzthin, seine Augenlider
Und streckte sich zu Boden nieder,
Auf die spitzen Nägel und scharfkantigen Steine.
Doch deren Stiche brachten ihn behände auf die Beine:
„Nein! Jetzt gehst du mir nicht durch die Lappen
Und Hand aufs Herz, ich werd' dich schnappen!"
Schrie er schon im vollen Lauf,
Mit gedämpfter Stimme entschlossen auf,
Stürzte ins Zelt und griff die Flechten,
Der Edelmut-Jungfrau mit seiner Rechten:
„Hasepferdchen! Ich hab' die Braut!
Doch sie wehrt sich ihrer Haut!"
Das Hasepferdchen sprang zur Hilfe, wie ein Wind:
„Sieh da! Du bist ja ein gewecktes Kind!
Los, setz dich im Flug auf mich hinauf
Und passe auf die Schöne sorgsam auf."

Sie kehrten glücklich in die Hauptstadt zurück.
Auf einem zur Schlossburg führenden Wegstück,
Hat der König sie empfangen
Und ist keck zum Flirten vorgegangen.
Er nahm die Prinzessin, an die weißen Hände,

Führte sie in die pompösen Schlossburgwände,
Setzte sie unter einem Samtvorhang,
Auf eine, zum Faulenzen einladende Ruhebank,
Schaute ihr in die Augen tiefdurchdringend
Und betörte, verheißungsvolle Reden singend:
„Schönstes Mägdlein auf der Erden!
Sei einverstanden, meine Königin zu werden!
Kaum habe ich deinen Teint erblickt,
Da hat die Liebe mich verzwickt!
Deine würdevolle Pracht,
Lässt mich nicht einschlafen in der Nacht
Und am lichten Sonnentag,
Quält sie mich irrsinnig ab!
Sprich ein Wort, das Lustigkeit verbreitet.
Zur Hochzeit ist alles vorbereitet.
Morgen, ohne eine Fristverlängerung zu fassen,
Werden wir uns trauen lassen.
Da beginnt das puppenlustige Hofleben."
Aber, ohne ein Wort von sich zu geben,
Wandte mit einem Achselzucken,
Edelmut-Jungfrau ihm kalt den Rücken.
Der König war auf das kein bisschen böse
Und verguckte sich noch mehr in diese Anmut Rose.
Er kniete sich hin und ohne Ende,
Drückte liebkosend ihre Hände
Und fing von Neuem an zu schwatzen:
„Sprich mit mir, mein Edelbatzen!
Womit betrübe ich dich, meine Geliebte?
Damit, dass ich mich in dich verliebte?
Au! Mein Schicksal ist beklagenswert!"

Die Prinzessin hat die Liebelei schroff abgewehrt:
„Wenn du erträumst, mich als Eheweib zu haben,
So hol mir ab heute in vier Tagen,
Meinen Fingerring aus dem Weltmeer."
„He! Ruft im Schweinsgalopp den Hans hierher!"
Schrie der König seinem Personal
Und lief beinahe selbst in den Marstall.

Hans meldete sich auf der Stelle
Und der König rückte ihm unruhig auf die Pelle:
„Hans, die Geschichte ist nicht völlig abgetan,
Daher musst du erneut zum Ozean.
Dort, mit Tang und Seegras verdeckt,
Ist irgendwo ein Fingerring versteckt.
Hilf mir, diesen Ring zu haben,
Und ich überschütte dich mit reichen Gaben!"
„Von der kürzlich in die Pfanne gehauenen Route,
Bin ich, wie eine abgebrühte Pute,
Bis zum geht nicht mehr erledigt,
Da bist du wieder mit der Abfahrtpredigt."
Erwiderte Hans gefrustet,
Nichtsdestotrotz bei dieser Sache kampfgerüstet.
Hier schrie der König voll Furor,
Aus vollem Halse dem Hans ins Ohr:
„Wie konnte ich es lassen,
Dich mit den Aufgaben befassen?
Ich will mit der Kleinen Ringe tauschen
Und höre schon die Hochzeit rauschen!
Versuche nicht zu protestieren,
Sonst kannst du ruckzuck den Kopf verlieren

Und vorher einer Abreibung nicht entwischen!"
„Hans." Trat Edelmut-Jungfrau dazwischen.
„Nimm, bitte, einen Umweg in den Kauf.
Suche meine Mädchenkemenate auf,
Erzähle meiner Lieben über meine Lage,
Grüße sie herzenswarm und sage –
Deine Tochter sei mit Herzensangst erfüllt,
Da du, mit trüber Finsternis umhüllt,
Letzt, keinen hellen Sonnenstrahl,
Gesendet hast aus dem betrübten All!
Ferner, ist sie besorgt um ihres Bruders Lage,
Weil er, die allerletzten Tage,
Sich hinter einer Wolkenwand verbirgt
Und auf Sternwandlungen nicht wirkt! –
Ich beschwöre dich, das keinesfalls zu vergessen!"
Bat sie den Stallverwalter angemessen.
„Wird es noch fünfmal so schwierig sein,
Erfülle ich deinen Bittwunsch fein.
Nur, um Missverständnisse zu umgehen,
Muss ich ja im Klaren sehen,
Wer deine Blutsverwandtschaft ist."
Die Zwangsbraut antwortete trist:
„Die Sonne ist meine herzensliebe Mutter,
Und der Mond mein Bruder und Behüter.
Lieber Freund, ich ersehne dir ein Reiseglück."
„Und sei in drei Tagen zurück!"
Fügte der König-Bräutigam hinzu,
Findend vor Aufregung keine Ruh.
Somit hat Hans sich der Tür gekehrt
Und ging sorgenschwer zum Hasepferd.

„Hans, weswegen bist du nicht gelassen?
Weshalb hast du den Kopf schwer hängen lassen?"
Fragte das Pferdchen recht besorgt.
„O jemine! Ich werde von Unsternen verfolgt!
Siehste, unser König ist versessen
Auf der Heirat mit der zaundürren Prinzessin.
Sonach schickt er mich erneut zum Ozean."
Brachte Hans es seinem kleinen Pferd heran,
„Er hat mir unter Strafzumessungen befohlen,
In nur drei Tagen einen Fingerring zu holen!
Dabei ließ die Künftige mich ehren,
Bat in irgendeine Kemenate einzukehren,
Der Sonne einen Wunsch des Wohlseins anzusagen
Und sie um irgendetwas zu befragen.
Nun versuch es mal zu schaffen,
Den Ring so zügig auszumachen!"
Das Pferdchen sagte gleich: „Bleib helle!
Auch dieser Dienst ist eine Bagatelle.
Der Ernste kommt nachher erst in Frage.
Schlafe ruhig und ohne Klage,
Morgen, mit dem ersten Hahn,
Begeben wir uns noch mal zu dem Ozean."

Beim Tagesgrauen steckte Hans in seine Hosentasche,
Drei Semmelchen und eine Wasserflasche.
Zog sich warm an, um nicht zu frieren,
Bei dem schnellen Galoppieren.
Stieg zu Ross, setzte seine Mütze schräg
Und begab sich auf den weiten, weiten Weg …

Uff! Freunde, mir vertrocknete der Rachen.
Erlaubt mir, eine Verschnaufpause zu machen.
In dieser kurzen Wartezeit,
Gibt euch der Unterhaltungsvers Geleit.

Der Unterhaltungsvers

Einst gewollte es den Tieren,
Sich Anführer zu votieren.
Alles, was in Gewässern schwimmt,
Hat für den riesenhaften Wal gestimmt.
Vögel haben sich für den Aar entschieden.
Würmer zischten: Wir wären mit dem Python zufrieden.
Säugetiere sprachen kurzerhand:
Unser Machthaber ist der weise Elefant.
Menschen, statt auf den Ehrlichsten zu bauen,
Ließen sich übers Ohr, demokratisch, hauen.
Auch der Löwe, kam davon nicht ungeschoren –
Alle Tierherrscher haben ihm die Treu geschworen.
Jetzt, lieber Leser, sei ganz Ohr,
Gleich geht die Erzählung weiter vor.

Das dritte Kapitel

Das Märchen läuft weiter:

Also hat der König dem Hans befohlen,
Einen Fingerring zu holen.
Nun reitet er zum Ozean.
Sein Pferdchen brachte ihn rasch voran
Und schon am ersten Reisetag,
Legten sie mit einem Schlag,
Ohne irgendwo zu weilen,
Hinter sich, aberhunderte von Meilen.

Vom Ozean nicht weit entfernt,
Hat das Rösslein den Hans kurz angelernt:
„Hans, wir sind an unserem Ziel nah dran
Und erreichen bald den Ozean.
Dort, auf einem einsamen Gestade,
Liegt ein Walfisch pfeilgerade.
Aus recht geheimnisvollen Gründen,
Ist er fest ans Land gebunden
Und leidet so zehn Jahre lang.
Vergeblich fahndet er bislang
Nach einer Erlösung von der Pein.
Er fleht dich an, so gut zu sein,
Das dunkle Rätsel zu enthüllen.
Darauf gibst du ihm dein Wort, es zu erfüllen."

Am Ufer blieben die Weltbummler stehen
Und konnten sich das Bild ansehen.
Auf der Sandküste lag in Qual,
Ein mordsmäßig riesiger Blauwal.
Sein Rumpf war ordentlich umgraben.
In seine Flanken waren Zäune hineingeschlagen.
Auf seinem erhabenen Rückgrat
Stand eine prächtige Hofstatt.
Auf der Lippe wuchs ein Birkenhain.
Auf der Stirn rupften Bäuerinnen Lein
Und auf seinem breiten Schwanz
Führten Girls den Reigentanz.

Das Pferdchen lief über den Wal.
Erzeugend einen dumpfen Hall,

Schlugen Hufe auf die Rippen.
Da bewegten sich des Wales Lippen,
Ächzend öffnete er seinen Mund,
Mit vergrauten Barten an dem tiefen Schlund
Und sprach: „Gute Reise, meine Herrn!
Von wo kommt ihr und wie fern,
Befinden sich die euch fesselnden Reviere?"
„Wir sind der Edelmut-Jungfrau Kuriere."
Gab von sich, der Hans dem Wal,
„Unser Weg, liegt über diesem Ozean ins All.
Wir beide kommen nämlich aus der Hauptstadt."
„Meine Teuren, konntet ihr in edler Tat,
Die Sonne gelegentlich befragen,
Über meine grenzenlosen Plagen
Und für welches mein Verschulden,
Ich gezwungen bin die Qual zu dulden?"
„Wenn wir dein Anliegen ohne Fehl einschätzen,
So konnte man es in Bewegung setzen.
Dein Weh ist kein Firlefanz!"
Meinte freimütig der Hans.
„Sei barmherzig, gute Seele!
Du siehst ja, wie ich mich hier quäle!
Ich kann dir auch mal nützlich sein!
Zehn Jahre lang ertrage ich die Pein
Und liege regungslos im Bann!"
Flehte der Wal den Hans schwermütig an.
Hans hat den Bittsteller höflich unterbrochen
Und ihm frank und frei versprochen:
„Walfisch, an diesem namenlosen Ort,
Gebe ich dir mein Ehrenwort,

Den Grund des Missgeschicks zu klären
Und ihn dir warmherzig zu erklären."
Da wurde das Hasepferdchen ruhelos,
Sprang vom Wal und rannte los.
Man sah nur, wie sich an seinen Hufen,
Windhosen, den Sand aufwirbelnd, erschufen.

Wie weit mussten sie noch reisen,
Wie viel Mut und Tapferkeit beweisen
Und was kam unterwegs in ihre Sicht?
Das weiß ich, meine Freunde, nicht.
Allerdings ist zu meinen Ohren ein Gerücht gekommen,
Dass sie es schufen, zu dem Punkt zu kommen,
Wo, wie es berichtet wird in einer alten Schrift,
Die Erde mit dem Himmel zusammentrifft
Und Bäuerinnen, beim Leinweben,
Ihre Webschiffchen auf die Himmelskante legen.
Hier verabschiedete sich Hans von der Menschenwelt
Und das Rösslein schnellte auf das Himmelszelt.

Da hat Hans, sich die Mütze aufs Ohr geschoben
Und ritt geradewegs nach oben.
„Hasepferdchen, unsere Erde sieht zwar überaus,
Herrlich und wohlhabend aus,
Aber mit dem Himmel im Vergleich,
Ist sie poppelig und bleich.
Die Mutter Erde ist buntscheckig,
Doch uneben, schwarz und dreckig.
Hier, hingegen, ist die Erde sonnenhell
Und ähnelt einem Aquarell."

Äußerte sich Hans und hat gewiesen,
Auf die azurblauen Himmelswiesen,
„Es scheint, als wenn im Firmament,
Ein rosarotes Wetterleuchten brennt.
Oh! Da höre ich den Glockenschlag!"
Das Rösslein legte freudig an den Tag:
„Es leuchtet auf einem Überbau,
Die Kemenate der Prinzessin Edelmut-Jungfrau!
In diesem, aus Opas Zeiten, Hochburghaus,
Ruht nachts die müde Sonne aus
Und schläft nach dem Nachtdienst der Mond,
Mit einem gesunden Nickerchen belohnt."

Sie sind an einer Pforte angekommen.
Aus Bergkristall verfertigte Kolonnen,
Stützten den Einlass am ungewöhnlichen Torbogen.
An allen Ecken hing, schrullig eingebogen,
Ein funkensprühender Sternschnuppen Quast.
Hinter dem Prachtportal stand ein Palast.
Bildend einen göttlichen Pflanzenkragen,
Umzingelten ihn fruchtbare Grünanlagen,
Wo Paradiesvögel, in smaragdenen Käfigen froh tirilierten
Und Paradieswächter Lebenswege im Auge behielten.
Inmitten, an einer Turmspitze wortgetreu angebracht,
Glänzten Gebote des Schöpfers in herrlicher Pracht,
Um welche sich Sternbildungen mit Planeten
Auf ihren Weltraumbahnen drehten!

Beleuchtet mit einem taghellen Schein,
Lief das Hasepferdchen in den Burghof hinein

Und Hans rückte, zur Erfüllung seiner Botenpflicht,
Vor das Licht und Wärme spendende Gesicht,
Dessen Strahl in grellem Rot,
Gehorsam und Respekt gebot:
„Sei gegrüßt, ehrwürdige Sonne,
Stolze Trägerin der überirdischen Krone.
Ich bin Hans, meiner künftigen Königin Kurier,
Wurde gesandt mit einer Nachricht zu dir."
Gab Hans der Sache einen Ruck,
Beäugelnd den himmelstürmerischen Kammerschmuck.
„Ich bitte dich, nimm Platz." Antwortete die Sonne,
Mit dem Gebaren einer gutherzigen Bonne,
Womit sie sofort Hans seine Sympathie abgewann,
Und ging an das Thema noch näher heran:
„Woher bist du, überraschend, gekommen
Und wie hast du es fertigbekommen
Mein helllichtes Sonnenland zu erreichen,
Ohne dem geeigneten Weg abzuweichen?"
„Ich komme von der irdenen Erde,
Aus einem ländlichen Lande, hoch zu Pferde
Und überquerte die umwerfend langstreckige Weite,"
Sagte Hans, sich setzend der Sonne beiseite,
„Mit einem dienstlichen Streben,
Dir einen Grußwunsch zu übergeben.
Weiterhin sollte ich unterdessen,
Keinesfalls zu sagen vergessen -
Deine Tochter sei mit Sorgenangst erfüllt,
Da du, mit düster Finsterkeit umhüllt,
Letztendlich keinen Sonnenstrahl,
Zur Erdkugel gesendet hast aus dem Weltall.

Und weil der Mond, in trüben Nächten,
Vergaß zu sehen nach dem Rechten,
Sich hinter irgendeiner Wolkenwand verbirgt
Und auf Sternwandlungen nicht wirkt.
So etwa. Meine Herrscherin ist recht,
In der Redekunst gerecht.
Alles, von ihren klugen Reden,
Ist es nicht leicht, genau zu übergeben!"
„Wer ist denn diese lebenskluge Frau?"
„Das ist die Schöne Edelmut-Jungfrau."
„Edelmut-Jungfrau? Mein allerliebstes Wesen?
Dann bist es also du gewesen,
Der sie uns kidnappet hat?"
Fragte die Sonne sterbensmatt.
„Na logisch, war das ich!
Siehste! Unser König schickte mich,
Sie von der Küste zu entführen
Und ihm, in seiner Schlossburg, beizuführen.
Ansonsten drohte er, sich anzureizen
Und mich, wutentbrannt, zu Tode auszupeitschen."

Die Sonne hatte ihre Tochter überaus vermisst.
Erfahrend, dass sie am Leben ist,
Sprach sie, erleichtert lächelnd, im stolzen Glanz:
„Ach, mein lieber und geehrter Hans.
Wer hätte das gedacht?
Du hast mir solche Neuigkeit gebracht,
Dass ich nicht weiß, wie, dir zum Preisen
Mich dankbar genug mit Ehrsamkeit erweisen.
Als wir das Kind verbummelt hatten,

Sind wir in Schwermütigkeit geraten.
Deshalb, von Traurigkeit geschlagen,
Verhüllte sich, in diesen Tagen,
Mein Sohnemann in eine Wolkendecke,
Enträtselnd der unfreundlichen Entführung Zwecke.
Ohne zu trinken und zu essen,
Hat er selbst die Schlafruhe vergessen.
Und ich, gezerrt vom Herzenskummer,
Versank in einen tiefen Schlummer
Und konnte nicht allzeit, durchs Weinen,
Der Gotteswelt vernünftig scheinen.
Sag mal, ist das Wohlsein meines Kindes wohlerfasst?
Ist es auch, in eurem Königreich, ein Ehrengast?"
„Fürwahr, leidet ihre Tochter nicht.
Dennoch hat sie ein zu mickriges Gewicht
Und bei dem schmalen Taillenumfang,
Ist sie wie ein dünnes Streichholz schlank.
Das ist so gut wie nicht normal!
Aber sie wird womöglich drall,
Wenn sie zum Heiraten ausreift,
Und sich einen Eheherr ergreift.
Übrigens, den braucht sie nicht erwählen.
Unser König krebst sich, mit ihr vermählen."
„Missetäter!" Schrie die Sonne empört auf.
„Das nehme ich in keiner Weise in den Kauf!
Mit siebzig, auf den Gedanken kommen,
Eine blutjunge Maid als Hauszierde zu bekommen?!
Hierfür wird er verdammt, sein Altersleben,
In der Rolle des Bräutigams hin schweben.
Genug davon! Diese Willkür ist untersagt!"

Im Nachhinein hat Hans gesagt:
„Ich habe noch eine verzwickte Frage,
Über des Blauwales arge Plage.
Siehste, am Ufer eines Meeres liegt ein Wal.
Zehn Jahre lang erträgt er eine Qual.
Sein Leib ist ordentlich umgraben,
In seine Seiten sind Zäune hineingeschlagen.
Er, der Arme, bat mich, bei dir erkunden,
Über seine schleierhaften Sünden
Und zu allem Überfluss,
Wie lange er noch leiden muss,
An seinem jetzigen Standort."
Da fuhr die liebe Sonne fort:
„Der Riese trägt dafür die harte Plage,
Weil er, ohne Gottvaters heilige Zusage,
Drei Dutzend Segelschiffe und Galeeren,
Heruntergeschluckt hat auf den Meeren!
Wenn er bereit wird, sie auf freien Fuß zu setzen,
Erlöst der liebe Gott ihn vom Entsetzen,
Heilt all seine Wunden und daneben,
Belohnt er ihn mit einem langen Leben."

Ohne Hektik und Rabatz,
Erhob sich Hans von seinem Platz
Und nahm Abschied von der Sonne,
Die nun strahlte, wie eine erntefertige Zitrone.
Die Sonne hat, mit erwachter Lebenslust,
Ihn dreifach auf die Wangengrübchen geküsst
Und sagte: „Hans, ich danke herzlich dir,
Wie von meinem Sohn, dem Mond, so auch von mir!

Überbringe meinem Goldkind unseren Segen.
Der Himmel wird sich nun, aus tiefster Seele streben,
Dass Sterne, aller Wege hilfsbereit,
Ihr zur Seite standen jederzeit!
Mein Sprössling soll über Trübsal hinwegkommen.
Bald wird sein Problem zum Abschluss kommen
Und nicht ein greisenhafter Veteran,
Sondern ein schöner, junger Mann,
Wird es zum Traualtar begleiten!
Na, Hans, lebe wohl! Gott wird dich leiten!"

Sich verbeugend wie ein Kenner,
Stieg Hans auf seinen treuen Renner,
Pfiff, durch Mark und Bein durchgehend,
Und verließ, dem Erdenbürger nicht die Bohne sehend,
Wie ein geölter Blitz, das himmlische Land.

Alsbald erreichten sie erneut den Meeresstrand.
Das Hasepferdchen lief über den Wal.
Erzeugend einen dumpfen Hall,
Schlugen Hufe auf die Knochen,
Und wieder hat der Wal sie angesprochen:
„Freunde! Wie lange noch bekommt der Rost,
Mich als seine Nahrungskost?"
„Warte ein wenig und sei bescheiden!"
Rief das Pferdchen und, ohne stehenzubleiben,
Rannte es zur stillliegenden Dorfeinheit,
Versammelte die bäuerliche Allgemeinheit,
Auf dem vom Mond beleuchteten Rückgrat,
Und hielt ein kurzes Referat:

„Hört zu, Gottes Seelen, gute Christen,
Nimmermüde Landwirtschaft-Spezialisten!
Wenn ihr nicht wollt zum Nix geraten
Und seine Kanzlei über den Fischfang beraten,
So verzieht euch, ein für alle Mal,
Mit euren Gütern von dem Wal.
Gleich beginnt er sich vom Festland abzulösen,
Dann wird hier die wilde Brandung tosen!"
Da erhob sich Lärm und Krach:
„Rettet euch! Es kommt ein großes Ungemach!"
Aufgewühlt, lief alles das, was Beine hat,
Auf dem schnellsten Wege zur Hofstatt.
Schaffte, ohne Zeit versäumen,
Ihr ganzes Vermögen aus den Räumen,
Hat das unentbehrliche Hab auf Pferdewagen,
Mit Windeseile aufgeladen
Und verließ, erzeugend Knall und Fall,
Den anheimelnd gewesenen Blauwal.
Bei Sonnenaufgang stand das Dorf so gähnend leer,
Wie geplündert von einem feindlichen Heer.

Da schrie das kleine Ross so laut, dass sein Schall,
Erwachen ließ den traurig grübelnden Wal:
„Walfisch! Du trägst dafür die starke Plage,
Weil du, ohne Gottvaters heilige Zusage,
Drei Dutzend Segelschiffe und Galeeren,
Heruntergeschluckt hast auf den Meeren!
Wenn du bereit wirst, sie auf freien Fuß zu setzen,
Erlöst der liebe Gott dich vom Entsetzen,
Heilt deine Wunden und daneben,

Belohnt er dich mit einem langen Leben!"
Hier stabilisierte das Hasepferdchen sein Gebein,
Biss auf die eiserne Kandare ein
Und sprang, als Hans ihm Sporen gab,
Auf den sicheren Erdboden ab.

Wie ein Berg beim starken Beben,
Begann der Wal sich zu bewegen
Und legte sein bleischweres Kinn,
Auf das tiefe Wasser hin.
Wellen brausten an die Kliffe,
Als der Walfisch anfing, Schiffe,
Mit Ruderleuten und Matrosen,
Aus seinen Kiefern auszulösen.

Von dem verursachten Mordskrach,
Wurde sogar der Meereskönig Neptun wach.
Es wurde gefeuert aus Musketen,
Tonkünste herausgeblasen aus Trompeten,
Standarten wurden hochgehoben,
Weiße Segel aufgezogen.
Kirchendiener mit dem Kaplan-Vikar,
Sangen einen gottdankschuldigen Choral
Und die Ruderer, auf der Ruderbank,
Summten einen Seemannsgesang:
„Auf, Matrosen, die Anker gelichtet,
Segel gespannt und Kompass gerichtet!
Liebchen, ade! Scheiden tut weh,
Heute, da geht's in die wogende See …"
Die See war tief und ohne Riffe,

Der Wind begünstigte die Schiffe,
Er blies die Leinwand gespannt auf
Und gab den Seglern guten Lauf.
In der Ferne sahen sie bald aus wie weiße Tauben,
Und verschwanden gänzlich aus den Augen.

Der Wal war nun in heimischen Gewässern,
Und brüllte wie aus Tausend leeren Fässern,
Sein großes Maulwerk weit aufragend
Und mit der Schwanzflosse hohe Wellen schlagend:
„Wie kann ich, Freunde, für euch fronen?
Wie soll ich euren Dienst belohnen?
Braucht ihr Perlen und Korallen,
Oder perlmutterne Muschelschalen?
Mit Reichtümern aus allen Meeren,
Kann ich euch, zum Dank, beehren.
Nach Wunsch, in Einzelstücken sowie zuhauf!"
Da machte Hans den Mund rasch auf:
„Nein, Walfisch! Deine tadellosen Gaben,
Wollen wir, derzeit, nicht haben.
Besser hilf uns, ohne sich herauszuwinden,
Den Fingerring der Edelmut-Jungfrau zu finden.
Er liegt hier auf dem Meeresgrund verborgen
Und den muss ich ihr bis Morgenfrüh besorgen."
„Einverstanden, meine Herren!
Das mache ich wahrhaftig gern!
Die Sonne beendet nicht den Himmelslauf,
Da stöbere ich das Ringlein auf."
Versprach der Wal, holte Luft
Und tauchte in eine abgrundtiefe Meereskluft.

In der Unterwasserwelt frisch angekommen,
Hat er sich sein Fischvolk vorgenommen,
Schaffte in dessen Reihen Ordnung
Und gab den Stören solch eine Anordnung:
„Bringt mir bis zum abendlichen Grau,

Den Fingerring der Edelmut-Jungfrau,
Welcher auf dem Meeresgrund verborgen liegt!
Derjenige, der den Ring zu finden kriegt,
Wird mit einem Ehrenzeichen ausgezeichnet
Und als erste Meeresspürnase bezeichnet.
Doch wenn einer den Befehl verhext,
Dem zeige ich, wo der scharfe Pfeffer wächst!"
Die Störe verbeugten sich gelernt
Und haben sich ganz ordentlich entfernt.

Nach einer verstrichenen Suchstunde,
Schwammen zwei Störe aus der Streifenrunde,
Gemessenen Schrittes zu dem Wal heran
Und sprachen ihn demütig an:
„Großer König! Sei auf uns nicht ungehalten!
Wir haben allerorts Ausschau gehalten,
Alles Mögliche durchwühlt und aufgeweckt
Und dennoch keine Spur vom Fingerring entdeckt.
So melden wir, anhand der kurzen Lieferfrist,
Dass dieser Aufgabe nur der Kaulbarsch gewachsen ist.
Er spaziert in allen Seen
Und hat, bestimmt, den Ring gesehen!
Aber aus uns unbekannten Gründen,
Ist er irgendwohin verschwunden."
„Findet seinen momentanen Aufenthalt
Und bringt den Schlingel mit Gewalt!"
Befahl der Wal höchst aufgeregt
Und hat drohend seine Bartfäden bewegt.

Störe verbeugten sich galant,
Schwammen in das Unterwasser-Landesamt
Und ließen, ohne sich lange zu entscheiden,
Eine eilige Anordnung schreiben:
„Agenten sollen den Kaulbarsch aufspüren
Und möglichst bald zum Wal hinführen!"
Sobald der Tintenfisch es mitbekommen hat,
Schrieb er den Befehl auf einem Lotusblatt.
Der Steinbutt hat ihn, mit einem Numero bezeichnet.
Und mit seinem Namen unterzeichnet.
Als der schwarze Krebs drankam,
Drückte er einen Stempel auf das Autogramm,
Bestellte aus der Amphibien Marine,
Dort, als Suchboten dienende Delfine,
Hat das Schreiben den Delfinen überreicht
Und erklärte: „Dieser Auftrag ist nicht leicht!
Hiermit könnte man unsre Wasserbecken
Über die ganze Welt mit Ruhm bedecken.
Diese Gelegenheit solltet ihr ausnutzen.
Durchsucht alle See, samt den kleinsten Wasserpfützen,
Findet den Herumtreiber und Streithahn Kaulbarsch
Und bringet ihn, nach eurem Ausschaumarsch,
Vom Fleck weg, zu unsrem König-Wal!"
Vermeidend Hast und Redeschwall,
Erklärten die Delfine sich als einverstanden
Und schwammen ab, nach dem Kaulbarsch zu fanden.

Sie suchten eine Stunde lang,
In den Meeresalgen und im Seetang!
Noch eine komplette Stunde,

Durchstöberten sie Fluss und Meeresgrunde!
Sie durchstreiften unzugängliche Untiefe,
Überprüften Meeresgrotte und Korallenriffe,
Setzten ihren ganzen Stolz hinein, ins Streben –
Es hat nichts Erfreuliches ergeben.
Fast weinend durch das Unglück,
Kehrten die Delfine leerer Hand zurück.

Sie schwammen an einem klitzekleinen Teich vorbei.
Plötzlich hörten sie ein markerschütterndes Geschrei!
Die Delfine stürzten sich auf den Rumor,
Und sieh da! – Im dicht verwachsenen Schilfrohr,
Welches den Teich restlos bedeckte
Und ihn vom fremden Blick versteckte,
Raufte sich der Kaulbarsch mit einem Hecht!
„Halt! Beendet auf der Stelle das Gefecht!
Schaut mal, wie die Raufbolde hier tosen.
Genau, wie zwei waghalsige Matrosen!"
Setzten dem Streit ein Ende die Suchboten.
„Ha! Mir ist das Duellieren nicht verboten!
Haut ab, oder ich zersteche euch in einem Stück!"
Gab der Kaulbarsch kühn zurück.
„Eh, du ewiger Schreihals und Handelssucher,
Streichbruder und der Strafanstalt Besucher.
Stets musst du zanken oder wandern.
Aber es ist sinnlos, mit Streithähnen zu verhandeln.
Hier! Du kannst den königlichen Befehl bekommen,
Der dir empfiehlt, in seine Residenz zu kommen!"
Und wie es dem Lausebengel war zu ziemen,
Packten die Delfine ihn entschlossen an den Kiemen
Und schleppten ihn, immer der Nase nach, zum Wal.

Der Kaulbarsch drehte sich, wie ein Spielball,
Versuchend sich aus der Klemme zu befreien,
Und eröffnete ein überlautes Schreien:
„Lasst mich los, liebe Genossen!
Ich hab den Hecht, noch nicht vollendet verdroschen!
Erlaubt mir diesem Fischbrutdieb,

Versetzen, wenn auch nur einen guten Hieb!
Der Räuber drohte, mich niederzuringen
Und mit einem Schluck ungesalzen zu verschlingen …"
Noch lange hatte der Kaulbarsch sich gewehrt
Und seine Unzufriedenheit erklärt,
Aber die ernsthaften Delfine,
Vollzogen schweigend die gebotene Routine
Und haben ihn zum König-Wal gebracht.

Verärgert enthüllte der Walfisch seine Macht:
„Wo hast du, Feindsohn, herumgeschlendert?
Und weshalb hast du dich mir nicht gemeldet?"
Der Kaulbarsch war dem Frevel schuldbewusst.
Er schlug sich reuig an die Brust,
Ist seinem Herrscher nahegetreten
Und hat um Gnade demütig gebeten.
„Dein sündhaftes Nomadenleben,
Werden dir die Meeresgötter allenfalls vergeben!"
Sprach oberlehrerhaft der Wal,
„Ich, für meinen Teil, verzeihe dir diesmal,
Nur, wenn du dein Bestes machst
Und meinen Auftrag zu erfüllen schaffst!"
„Erfreut zu dienen, Eure Majestät!"
Piepste der anfangs verzweifelte Kaulbarsch belebt.
„Du spazierst in allen Seen
Und hast bestimmt den Ring gesehen,
Welcher der Edelmut-Jungfrau gehört?"
„Selbstverständlich, habe ich von dem gehört.
Den kann ich mühelos auffinden!"
„Da musst du schleunigst auf die Ringsuche verschwinden!"
Der Kaulbarsch verbeugte sich dem Wal

Und verließ, sich bückend, den Thronsaal.
Unterwegs hat er den Seehund belacht.
Zehn Sardinchen den galanten Hof gemacht.
Sich mit einem Seepferdchen amüsiert,
Mit sechs Rotbarschen einen Zweikampf arrangiert,
Machte im Strömling Schwarm den großen Sums
Und stürzte sich, nach Vollziehung dieses Heldentums,
Unerschrocken in den allertiefsten Meeresgraben
Und hat ein Kästchen aus dem Schlamm heraus gegraben.
Es wog nicht weniger als tausend Pfund!

„Oho! Heute geht's bei uns mal wieder rund!"
Sprach der Raufbold und rief, in Wales Namen,
Aus allen Meeren Heringe zusammen.
Heringe packten das Kästchen an
Und begannen es zu ziehen aus dem Schlamm.
Man hörte in den entlegensten Ecken und Orten,
Wie ihre Flossen arbeitsam das Wasser bohrten.
Aber, wie kräftig sie auch zogen,
Haben sich nur völlig überhoben.
Das Kästchen mit dem Ring,
Bewegte sich im Matsch allzu gering!
„Ihr seid echt Heringe und ohne Spaß,
Gehört ihr in ein Pökelfass!
Schrie der Kaulbarsch, in Harnisch geraten
Und hat starken Hausen die Arbeit gestatten.
Die Hausen schwammen geruhsam ran,
Packten das Kästchen schnaufend an
Und haben es dem Schlamm entzogen.
„Schwimmt zum Wal, hopphopp, als wenn geflogen!
Ich begebe mich in mein Junggesellenhaus
Und ruhe etwas aus.
Der Schlaf überwältigt meine Glieder
Und schließt mir die müden Augenlider."
Sagte der Kaulbarsch den Seefischen,
Versuchend, denen ein Ammenmärchen aufzutischen.
Von der Fundstelle begab er sich sogleich,
In den kleinen Röhrichtteich,
In welchem, seiner Rauferei zuschanden,
Ihn die unnachgiebigen Delfine fanden.
Bestimmt hatte er vor, den Hecht dickköpfig zu zwingen,

Das unterbrochene Gefecht, von vorn heran zu ringen.
Hier aber, kehren wir vom Handelssucher,
Zurück, zum Hans, ans Meeresufer.

Der Ozean lag ruhig und leblos,
In seinen Uferarmen, wie im Mutterschoß.
Hans saß auf einer bröckeligen Sandwehe
Und lugte ungeduldig auf die blaue See,
Erwartend des Wales Rückkehr von den Recherchen.
Daneben ruhte sein treues Hasepferdchen,
Sich witzlos das Brustfell schabend.
Es war bereits der späte Abend.
Die Sonne folgte ihrer Bahn
Und war gerade nah daran,
In die See zu versacken.
Wie ein großes, purpurrotes Laken,
Überzogen mit lila-violettem Wolkenschimmel,
Entfaltete sich das Abendrot im Himmel
Und der blauen Stunde Wind, brach an zu wehen.
Nur vom Wal war keine Spur in Sicht zu sehen.

„Das Großmaul ist noch mein Ruin!"
Sprach Hans verächtlich vor sich hin,
„Er gelobte, heute noch den Ring zu finden,
Dabei ist der helle Tag bereits am Schwinden
Doch er hat es bis jetzt nicht aufgebracht.
Dem Anschein nach mangelt's an der Macht,
Dieser vollschlanken Buttertonne."
Jetzt war noch von der Sonne,
Ein ganz schmaler Streif zu sehen.

Da begann die See, hoch zu gehen
Und aus dem Wasser, auf einmal,
Zeigte sich der Wunderwal.
Er stieß eine Fontäne aus seinem Atemloch
Und sagte: „Hans, du befreitest mich vom Leidensjoch.
Für deine barmherzige und edle Huld,
Habe ich mein Versprechen aufrichtig erfüllt."
Mit diesen Worten warf er voller Hand,
Das schwere Kästchen auf den Sand,
So dass es raschelnd dem Hans zu Füßen glitt.
„Nun," fügte der Wal hinzu, „bin ich mit dir quitt.
Aber ruf mich, an jedem Meer und Ozean,
Wenn du, womöglich irgendwann,
Nicht wusstest, ohne Hilfe auszukommen.
Ich komme spornstreichs angeschwommen.
Deine Wohltat ist bei uns ein Weltgeschehen.
Ich vergesse dich nie! Auf Wiedersehen!"
Der Wal schöpfte Atem, schloss den Mund
Und tauchte plätschernd auf den Meeresgrund.

Rascher als die allerflinksten Flöhe,
Schnellte das Hasepferdchen in die Höhe:
„Hans, nun solltest du dich vorbereiten
Und mit fliegender Hast nach Hause reiten.
Drei Tage sind beinah vergangen.
Frühmorgens sollten wir das Königsreich erlangen.
Sicher kommt der Alte schon ums Leben."
„Hilf nur, das Kästchen hochzuheben.
Es ist, für seinen Rauminhalt, zu schwer.
Dem Gewicht nach, haben es im Meer

Einhundert Teufel sich als Wohnsitz ausgesucht.
Dreimal habe ich's versucht,
Und konnte nicht die Schwere unterjochen!"
Das Rösslein hat kein Wort dazu gesprochen.
Als wär es eine leere Nuss,
Warf es, mit einem gezielten Hufenschuss,
Die Schatulle auf seinen Rist und sagte:
„Jetzt beeilen wir uns, wie in Hatz Gejagte.
Morgen vergeht die uns gewährte Zeit,
Und der Weg zurück ist weit."

Der vierte Morgen hat den Himmel angebleicht,
Da hat Hans die Hauptstadt längst erreicht.
Freimachend sich den Weg mit Schlägen,
Lief der König ihm entgegen,
Und schrie, als wenn er selbst den Schlag empfing:
„Was ist mit meinem Fingerring?
Hans, du bringst mich noch ins Grab!"
Hans stieg vom Hasepferdchen ab
Und ging an, sich vollmundig auszudrücken,
Mir nichts dir nichts, die liebe Welt beeindrucken:
„Mein König, nur Geduld!
Ich habe zeitgerecht erfüllt,
Deine launenhafte Schrulle!
Der Ring liegt hier, in der Schatulle!
Ruf bloß ein Regiment zur Hilfe raus!
Das Kästchen sieht zwar winzig aus,
Doch es kann den Teufel zu Brei machen!"
Der König rief sofort seine Leibwachen,
Befahl den Männern, sich an die Arbeit wagen

Und das Kästchen in sein Appartement zu tragen.
Selbst ist er, zur Edelmut-Jungfrau gegangen,
Guten Mutes, das Hofmachen von Neuem anzufangen:
„Mein Augenstern! Eben war ich aufgewacht,
Da wurde mir dein Fingerring gebracht.
Jetzt können wir uns für ewig binden lassen
Und frischweg mit dem Zeitvertreib befassen.
Begrabe endlich deinen Spleen.
Gescheiter wäre es, das Ringlein anzusehen,
Es wurde in meinem Schlafgemach platziert."
Darauf hat das Mädchen widerspenstig reagiert:
„Herr, besser wäre es auf die Absichten,
Mit der Verehelung zu verzichten!"
„Hör auf, mein Kind, mit mir zu scherzen.
Ich liebe dich von ganzem Herzen,
Und verzeih mir meinen Schneid,
Der bekannt ist weit und breit,
Aber ich habe ein gewaltiges Verlangen,
In den Ehehafen, sobald wie möglich zu gelangen.
Legt sich mein Herzenswunsch in Trümmer,
Sterbe ich, vielleicht, vor Liebeskummer.
Bereite mir, mein Sonnenschein, kein Leid."
Hier antwortete die hübsche Maid:
„Besinne dich! Du bist weiß und angejahrt.
Ich, immerhin, nur fünfzehn Jahre alt.
Wenn wir die überstürzte Hochzeit machen,
Werden dich all deine Nachbarkönige auslachen
Und spottend allerorts aussagen:
Unser Anrainer wurde vom Blitz erschlagen,
Hat einen Hirnbrand abbekommen

Und sich seine Enkelin zum Eheweib genommen! -
Der König schrie, vor Wut erzürnt:
„Denen verbiete ich den Mund,
Mache dem Erdboden gleich ihr eigen Haus
Und rotte alle ihre Stämme aus!"
„Auch ohne, dich mit Spötteleien zu begießen,
Ist es undenkbar, diesen Ehebund zu schließen.
Ein Altstiefel passt nicht zum neuen Schuh!
Ich bin eine Schönheit und was bist du?
Womit, abgesehen von den heidnischen Gelüsten,
Könntest du dich, ohne Garn zu spinnen, brüsten?"
„Ich bin alt, aber verwegen!"
Sprach der König ihr entgegen,
„Herausgeputzt und kurzgeschoren,
Sehe ich aus, wie neu geboren.
Immerhin, bin ich nur auf diese Hochzeit scharf
Und habe keinen Schönmachungsbedarf!"
„Um auf Freiersfüßen hoffnungsvoll zu stehen,
Solltest du das Schönmachen begehen.
Einen zahnlosen Mummelgreis,
Heirate ich um keinen Preis!"
Hier ließ der König Mühe dem Gehirn
Und fragte, runzelnd die Stirn:
„Was soll ich denn, mein Schnucki, machen?
Aus allen möglichen Alltagssachen,
Will ich nur die Einzige zustande bringen –
Dich, ratzfatz, mit dem Ehering beringen.
Aber du, zu meinem Pech,
Widerstrebst dich stur und frech
Und singst das eine: nein und nein!

Es kann nicht sein, es darf nicht sein!"
Da sagte das Mädchen, dem König ins Gesicht:
„Einen grauen Stubben heirate ich nicht!
Werde, wie früher, ein strammer junger Mann,
Dann ziehe ich sofort das Brautkleid an."
„Darling! Hier konntest du mir nicht vorbehalten
Dass, sich in einen Jüngling umgestalten,
Für mich, schlicht unmöglich ist.
Ich bin kein weltbekannter Trickartist.
Solche Wunder vollbringt nur der Herrgott!"
Da machte ihm die Edelmut-Jungfrau ein Angebot:
„Gib dir Mühe, trotz Gefahren,
Dann wirst du wieder jung an Jahren.
Hör zu! Befehle morgen, gleich nach dem Erhellen,
Drei große Kessel auf dem Schlosshof aufzustellen.
Den ersten gieße voll bis an den Rand,
Mit vom Tage abgeschöpften Schmand.
Den zweiten Kessel musst du füllen,
Mit noch warmen Wasser der Altweibermühlen
Und den dritten mit ausgereiftem Met,
Versetzt mit kraftverleihendem Heilkräuterfett.
Erteile einen Befehl an die Brandwachen,
Feuer unter dem Wasserkessel anzufachen
Und es, aufs allerhöchste aufzusieden.
Wenn du mich willst als Eheliebste kriegen,
So tauche, wie Gott dich schuf, ohne Gewand,
Erst in den frischgeschöpften Schmand.
Anschließend musst du dich im Kochwasser abspülen
Und, um die Verbrennungen abzukühlen,
Das Volk, mit Kind und Kegel, überraschen,

Und im Met deinen Lebensherbst abwaschen.
Dann, Opa, bekommst du wieder,
Junge und gesunde Glieder!

Der König gab dem Mädchen keinen Kommentar,
Jedoch schickte er eine ganze Dienerschar,
Im Sturmschritt den Stallverwalter herbeizurufen.

Ohne die Lage auf Zahn und Nieren prüfen,
Packte Hans den Stier bei den Hörnern an:
„Was ist! Muss ich erneut zum Ozean?
Prost Mahlzeit, Euer Gnaden!
Vom Galoppieren schmerzen mir Gesäß und Waden.
Mach was du willst, ich reite nicht dorthin!"
„Nein, Hans! Ich habe anderes im Sinn.
Morgen befehle ich den Heizgesellen,
Drei Kessel auf dem Schlosshof aufzustellen,
Die gefüllt werden bis an den Rand,
Mit kochendem Wasser, Met und frischem Schmand.
Ich denke, es gäbe keinen Schaden,
Dich in den Kesseln, zur Probe, auszubaden."
„Von wegen! Kochen tut man Schaf und Rind,
Aber um keinen Preis ein Menschenkind.
Das Kesselbad wird in der Hölle Sündern gespendet!"
Hat Hans sich dem Gewaltherrscher zugewendet.
Da schrie der König, schüttelnd den Bart:
„Hans, du niederträchtiger Bastard!
Sieh dich vor! Nun ja, du weißt es!
Wenn du der Anordnung keine Folge leistest,
Werde ich gezwungen, dir Dresche aufzuzählen!

Allerdings darfst du zwischen Bad und Strafe wählen.
Es ist, alleweil, dein gutes Recht.
Mach dass du wegkommst, feiger Knecht!"
Nichts zu wollen! Hans machte kehrt
Und ging schluchzend zu seinem Hasepferd.

„Weswegen bist du nicht gelassen?
Warum hast du den Kopf schwer hängen lassen?"
Fragte das Pferdchen zugetan,
„Bestimmt, hat der alte Bräutigam,
Abermals ein tollköpfiges Projekt,
Das wir erfüllen müssen, ausgeheckt?"
Hans drückte das Rösslein an seine Brust,
Hat es gestreichelt und geküsst,
„Ach! Mein letztes Stündlein ist gekommen!
Stell dir vor! Der König hat sich vorgenommen,
Morgen, vor dem Morgengrauen,
Drei Kessel auf dem Schlosshof aufzubauen,
Die gefüllt werden bis an den Rand,
Mit Wasser, Met und frischen Schmand,
Um meine Wenigkeit in den Kesseln zu baden.
Den Met könnte ich, unter Umständen, ertragen.
Allerdings soll das Wasser, in echt kochen!"
Darauf hat das kleine Ross getrost gesprochen:
„Schon gut! Hör auf zu weinen!
Dieser Dienst wirkt aussichtslos zu scheinen,
Aber wir werden es schon fertigbringen
Und das Böse in die Knie zwingen.
Morgen wird der Tag, dein Los entscheiden.
Vor dem Bad musst du dich entkleiden

Und schlankerhand dem König sagen:
„Erlaubt mir, Euer Gnaden,

Abschied von meinem Pferdchen nehmen.
Wenn nicht, wird es sich zu Tode grämen.
Der König wird sich gezwungen sehen,
Auf deine letzte Bitte einzugehen
Und lässt mich auf den Schlosshof bringen.
So wird es mir sehr wohl gelingen,

Zaubersprüche murmelnd zu prusten
Und die Hitze von den Kesseln weg zu pusten.
Da springe stehenden Fußes und ermannt,
Erst in den frischgeschöpften Schmand,
Hernach, mit offenherzigem Verlass,
In das brodelnde Nass
Und schlussendlich, auf Anhieb, in den Met.
Jetzt aber, gehe sorgenlos zu Bett."

Am nächsten Tag, am frühen Morgen,
Hatte das kleine Pferd zu sorgen,
Den Hans behutsam wachzumachen:
„Mein Herr, du hast genug geschlafen!
Es ist Zeit, den Pflichten nachzukommen!"
Hans war dem Ratschlag gut gesonnen.
Er stand putzmunter auf,
Erledigte den allmorgendlichen Waschablauf
Und watschelte, sein Gluck blauäugig schmieden.

Das Wasser war bereits am Sieden.
An den Kesseln kauerten in Reihen
Heizungsleute, Kutscher und Lakaien.
Wenn sie meinten, die Flammen seien zu schwach,
Legten sie Holzscheite in das Feuer nach,
Haben über Hans sein Los gesprochen
Und schweren Herzens in Gelächter ausgebrochen.

Nach einem angespannten Zeitverlauf,
Ging polternd das Schlosstor auf
Und zur nervenkitzelnden Schau

Erschien der König, begleitend die Edelmut-Jungfrau.
Sie stiegen auf eine piekfeine Bühne
Und beäugten den sich dem Brühbad gewagten Kühnen.
Sogleich erscholl des Königs mürrisches Geschrei:
„Hans, mach dich von den Kleidern frei!
Tue deine Pflicht zum Königshaus!"
Hans zog hastlos seine Kleidungsstücke aus
Und blieb zögernd vor den Kesseln stehen.
Um seine Nacktheit nicht zu sehen,
Bedeckte sich die grüne Maid,
Mit ihrem weißgeschneiderten Brautkleid.
Da fing der König aufs Neue an zu kreischen:
„Du sollst den Riemen auf die Orgel schmeißen!
Bringe, endlich, in den Gang das Baden!"
Hans antwortete: „Euer Gnaden,
Könntet ihr euch zur Güte zwingen
Und befehlen, das Hasepferdchen herbeizubringen?
In letzter Stunde, zum Todesbad gewagt,
Hätte ich gerne, meinem Freund das Lebewohl gesagt."
Nach einem kurzen Überlegen,
Kam der König dem Wunsch entgegen.
Ein Diener führte das Pferdchen bei
Und ließ es vor der Bühne frei.

Zuschauer nur zu staunen wüssten,
Wie das Röslein begann, aufs Kochwasser zu pusten,
Als Hans atmete, komme was da wolle, ein
Und hechtete, wie die Feuerwehr, in den Schmand hinein,
Danach ins heiße Wasser und zur Erfrischung,
In die heilende Öl-Met-Mischung,

Und bekam solch blühendes Aussehen …
Huch! Das sollte man mal selber sehen!
Es ist unmöglich, so was mit Worten zu beschreiben,
Noch durch ein prächtiges Gemälde zeigen.
Zudem wurde er, ein freimütiger und kluger Mann.
Errötet zog er seine Kleidungsstücke an,
Sah sich, Leben in die Bude bringend, um
Und verneigte sich, mit Mumm,
Der bildhübschen Edelmut-Jungfrau
Und dem Publikum im Menschenstau.
Ein Mirakel!" Schrien alle auf einmal,
„Das gab's noch nie auf dem Erdball,
Dass man, in die Grube fahrend, ein Sudbad nahm
Und unverhofft, 'nen bärenstarken Leib bekam?"
Als der König diese Wundertat
Zu Gesicht bekommen hat,
Hopste er in den Kessel giergerissen
Und hat den Löffel weggeschmissen …
Da erhob sich ein lebensmunteres Getue!

Die Prinzessin rief die Lärmenden zur Ruhe
Und hat sich der Menschenmenge zugewendet:
„Geehrte Landsleute! Des Königs Leben ist vollendet!
Nun solltet ihr einen neuen König krönen!
Würdet ihr es mir, besonders, gönnen?
Habt ihr mich gern, so erkennt mich an
Und zollt Achtung meinem lieben Ehemann!"
Die Prinzessin schwieg still, hat sich verneigt,
Und auf den Prachtkerl Hans gezeigt.
„Ja! Unsere Herzen haben sich zu dir gerenkt

Und das Vertrauen dir geschenkt!
Für dich", schrie die Menge hingerissen,
„Hätten wir jegliches in Schnippelchen zerrissen!
Wegen deinen erhabenen und reichen Gaben
Werden wir gerne den Hans als König haben!"
Der junge König nahm mit Scharm
Die allerschönste Braut unter den Arm
Und fuhr sie in den Trauungssaal,
Zum verbindlichen Vermählungsritual.

Von der Festung feuerten Kanonen!
Posaunen haben frohe Melodien gesponnen!
Bei Trommelschlägen wurden Lagerkeller aufgemacht,
Hämmernd, bauchige Weinfässer angezapft!
Es strömten Weine, Bier und Punsche!
Zugetan, rief das Volk wohlwollende Glückwünsche:
„Es lebe hoch, der König Hans!
Regiere im Ruhme und im Glanz,
Mit der Königin, der Edelmut-Jungfrau!"

Ein lebensmunterer Radau,
Hallte aus dem Königschloss!
Auf jedem aufgedonnerten Geschoß,
War Jung und Alt willkommen Gast.
Eichentafeln bogen sich unter der Last,
Von Getränken, Obst und Würsten!
Eine Vielzahl von betuchten Adligen und Fürsten
Fand bei den Tischgesprächen Spaß,
An einem perlenden Champagnerglas.
Angereisten Freunden und Verwandten

Fiedelten haarsträubend, Wandermusikanten.
Es war eine Freude anzusehen,
Wie sich so, in der Welt, die Dinge drehen.
Das Hasepferdchen wagte sich für einen Tanz
Und legte, mit Hufen, Ohren und dem Schwanz,
Eine kesse Sohle aufs Parkett!
Auch ich besuchte das Bankett
Und habe mit den lustigen Halunken,
Reifen Gerstensaft getrunken.
Er ist mir den Schnurrbart entlanggeronnen,
Doch im Mund ist kein Tröpfchen angekommen.

Mittlerweile flog der Klapperstorch ein Wickelkind,
In das Wieglein unserer überglücklichen Brautleute
Und wenn sie nicht gestorben sind,
Dann leben sie noch heute.